SELBST GEMACHT SCHMECKT BESSER

BIER BRAUEN

DAS PRAXISBUCH

LEBEN MIT DER NATUR

UDO KRAUSE

SELBST GEMACHT SCHMECKT BESSER

BIER BRAUEN

DAS PRAXISBUCH

Inhalt

Eine alte Tradition, die Spaß macht

Vor zwölf Jahren tauschte ich das Großstadtleben gegen ein Leben auf dem Lande ein. Nach einigen Lernprozessen, beispielsweise in der Gartenarbeit, bei der Tierhaltung oder bei der Herstellung von eigenen Lebensmitteln, versorgt sich meine Familie inzwischen zu einem nicht geringen Teil von selbst angebauten oder hergestellten Produkten. Diese manchmal hart erarbeitete Selbstversorgung spart nicht nur Kosten, sondern macht vor allen Dingen auch Spaß. Außerdem schmecken die selbst produzierten Lebensmittel immer besser, sind frischer und haben eine höhere Qualität als die Fertigware aus dem Supermarkt. Lange blieb es nicht bei der Selbsterzeugung von Gemüse, Fleisch, Wurst, Marmelade und Saft, dann wurde auch die Herstellung von eigenem Bier ausprobiert. Es funktionierte auf Anhieb, und natürlich war es das schmackhafteste Bier meines Lebens.

Einst und heute

BIER BRAUEN ZU HAUSE
Bis vor gut 50 Jahren wurde Bier vielfach noch zu Hause hergestellt. Dann folgte eine lange Pause, und heute erlebt das Selberbrauen eine Renaissance.

In früheren Zeiten war die Bierbrauerei hierzulande kein Privileg von Klöstern oder gewerblichen Brauereien, sondern viele Haushalte brauten für den eigenen Bedarf. Diese ursprüngliche Form der Bierherstellung war teilweise noch bis in die ersten Jahrzehnte unseres Jahrhunderts weit verbreitet, ging aber nach dem Zweiten Weltkrieg fast völlig verloren. Die gesellschaftlichen Rahmenbedingungen – der so genannte Fortschritt und unsere »moderne« Lebensweise – haben im Laufe der letzten Jahrzehnte dazu geführt, dass die Möglichkeiten und Techniken der Selbstversorgung mit Lebensmitteln weitgehend zugunsten industriell hergestellter Fertigware und tiefgekühlter Massenprodukte verdrängt wurden. Doch die zunehmende Skepsis gegenüber Lebensmitteln, die unter dem Gesichtspunkt immer höherer Erträge und Gewinne produziert werden, führte bei vielen Menschen zu veränderten Ernährungsgewohnheiten und bewußterem Konsumverhalten. Das ist auch kein Wunder, hält man sich die Schlagzeilen der letzten Zeit noch einmal vor Augen: Chemie in Lebensmitteln durch Überdüngung und Pestizideinsatz, Hormonkälber, Rinderwahnsinn (BSE), Schweinepest, Salmonellenhühner in Legebatterien, skandalöse Viehtransporte, verseuchte Fische, Gefahren der Gentechnologie usw. Neben der Biowelle erlebte auch das Selbermachen eine Renaissance. Brot backen, Obst und Gemüse einkochen, Butter und Quark herstellen oder gar Wein keltern – das alles ist für viele Menschen neuerdings mehr als nur eine attraktive Freizeitbeschäftigung.

Zu Hause Bier brauen

Warum also nicht auch das eigene Bier brauen? Natürlich muss es ein Biobier sein, schließlich lege ich an meine Getränke dieselben Kriterien an wie an mein Essen. Beim Bierbrauen handelt es sich keineswegs um eine Geheimwissenschaft oder um eine hochkomplizierte und für den Laien nicht zu bewältigende Großtechnologie, wie man sie etwa in einer modernen Brauerei besichtigen kann. Bier besteht erst einmal nur aus vier Grundstoffen: Malz, Hopfen, Hefe und Wasser. Das ist alles heutzutage mühelos zu beschaffen. Als Hobbybrauer und Selbstversorger können Sie nach den folgenden Erläuterungen, Hinweisen und Rezepten ein wohlschmeckendes und bekömmliches Bier zu Hause herstellen. Sie werden das Bierbrauen als ein ganz besonderes Hobby kennen- und schätzen lernen und mit dazu beitragen, die Tradition des Hausbrauens wieder neu aufleben zu lassen.

Über diesen Ratgeber

Zum Thema Bier werden viele Sprüche geklopft und Anekdoten erzählt – auch in der einschlägigen Literatur –, und dies fast ausschließlich von Männern. Da geht es um Mystisches aus grauer Vorzeit, um Trinksitten, Sauflieder, Wies'n-

BIER BRAUEN? GANZ EINFACH!
Ohne spezielles Vorwissen und besondere Gerätschaften können Sie auch als Anfänger mit Hilfe dieses Buches Ihr erstes selbst gebrautes Bier herstellen. Um Ihr Bier voll zur Geltung kommen zu lassen, finden Sie ab Seite 130 zusätzlich einige Kochrezepte, die mit Bier verfeinert werden.

Feste und »richtige« Männergeschichten, obwohl die Bierbrauerei früher fast immer die Aufgabe der Frau war. Zu diesem Themenkreis werden Sie in diesem Buch kaum etwas finden. Dafür aber erfahren Sie Interessantes und Wissenswertes aus der Geschichte des Biers, lernen die einzelnen Biersorten kennen und werden auch über die heutige Situation der Bierbrauerei informiert. In erster Linie jedoch möchte Ihnen dieses Buch die nötigen Hilfestellungen und Anregungen für die Praxis der eigenen Bierherstellung an die Hand geben.

Dafür werden ausführlich in gesonderten Kapiteln alle Zutaten und Ausrüstungsgegenstände für die Bierherstellung erläutert. Einige Gegenstände können Sie anhand von Beschreibungen und Skizzen auch leicht selbst bauen. Anschließend wird der Brauvorgang Schritt für Schritt und in allen für den Anfänger notwendigen Einzelheiten leicht verständlich erläutert.

BIERREZEPTE
Ab Seite 106 finden Sie acht bewährte Bierrezepte für untergäriges und obergäriges Bier zum Selberbrauen.

Bei der Rezeptauswahl wurde darauf geachtet, den Hobbybrauer angesichts der zahlreichen in- und ausländischen Biersorten und deren regionaler Varianten nicht zu überfordern und zu verwirren. Sie können vielmehr zwischen acht vom Autor selbst ausprobierten und bewährten Rezepten für ober- und untergäriges Bier auswählen und auf dieser Grundlage nach etwas praktischer Erfahrung fast unbegrenzte Rezeptvariationen oder eben Ihr Lieblingsbier entwickeln. Beim normierten Einheitscharakter der meisten heutigen Biertypen aus den Großbrauereien werden Sie bald die individuellen Geschmacksmöglichkeiten für Ihr Hausbier zu schätzen wissen.

Der Reiz am Experimentieren mit verschiedenen Malz- und Hopfenmengen oder unterschiedlichen Braumethoden liegt nicht zuletzt darin, eine Biersorte zu brauen, die den ganz persönlichen Geschmack trifft. Diese kreative Freiheit hat heute keine Brauerei mehr! Und weil es eben nicht das eine Brauverfahren schlechthin gibt, sondern viele Möglichkeiten, wird das Bierbrauen zu einem ganz individuellen Freizeitvergnügen. Nach einiger Zeit wird die überzeugende Qualität des selbst gebrauten Biers auch dazu führen, dass Sie nie wieder das gewöhnliche Industriebier trinken möchten. Darüber hinaus stelle ich Ihnen eine Reihe von bewährten Kochrezepten und Getränken vor, die mit oder aus (selbst gebrautem) Bier zubereitet werden und mit denen Sie Familie, Freunde und natürlich sich selbst verwöhnen können.

Die Kosten der eigenen Biererzeugung werden für Sie als brauenden Selbsterzeuger kaum von Bedeutung sein, denn selbst gebrautes Bier ist meist erheblich preiswerter als das Bier aus dem Getränkemarkt oder der Kneipe nebenan. Noch wichtiger aber ist, dass die Bierherstellung zu Hause eine spannende und begeisternde Angelegenheit ist. Und die Freude daran, sein eigenes Bier herzustellen und mit Freunden zu genießen, gleicht unter Garantie jede Mühe beim Selberbrauen aus. Und so richtet sich dieses Buch an alle, die sich diesem außergewöhnlichen Freizeitvergnügen widmen wollen.

BIERSTEUER

Bei selbst gebrautem Bier ist noch ein wichtiger Punkt zu beachten. Auch das für den Eigenbedarf bestimmte Bier unterliegt der Biersteuer. Eine Biermenge von mehr als 200 Liter pro Jahr muss der zuständigen Zollstelle gemeldet und auch versteuert werden (siehe Seite 124)!

Die Kunst des Bierbrauens zeigt sich auch in den Apparaturen. Hier der Sudkessel einer Brauerei.

Die Kunst des Bierbrauens

hat eine lange Geschichte – sie wurde schon vor vielen tausend Jahren entdeckt.

Wie alles anfing

Seit mehr als 6.000 Jahren ist der beliebte Gerstensaft den Menschen bekannt. Vermutlich war das Bier in grauer Vorzeit eine rein zufällige »Erfindung«, nachdem jemand etwas nass gewordenes, bereits angegorenes Brot gekostet hatte und sich über die folgende, angenehm berauschende Wirkung wunderte. Aus diesem alkoholhaltigen Brotbrei hat sich wohl im Laufe der Zeit unser Bier entwickelt.

Das Bier der Sumerer

Bekannt ist, dass die Sumerer, wohl das älteste Kulturvolk dieser Erde, angebackenes Brot aus Gerste (eine unserer ältesten Kulturpflanzen) oder Emmer (eine alte Weizenart) für die Bierherstellung in Mesopotamien verwendeten. Durch das Backen wurde das Getreide wasserlöslich und vergärbar. Außerdem ließ sich Brot länger als Korn lagern und ermöglichte so eine Bierproduktion unabhängig von der Erntezeit des Getreides. Archäologische Untersuchungen belegen, dass in Mesopotamien bereits vor 5.000 Jahren fast die Hälfte der Gerstenernte der Bierherstellung diente.

Das Reich der Sumerer zerfiel im 2. Jahrtausend v. Chr., und an die Macht kamen die Babylonier, die von den Sumerern unter anderem die Kunst des Bierbrauens übernahmen. Der babylonische König Hammurapi (728–686 v. Chr.) stellte Regeln für die Herstellung und Verbreitung des Biers auf und drohte strenge Strafen für deren Nichteinhaltung an. Die Babylonier kannten bereits 20 verschiedene Biersorten und exportierten ihr Lagerbier sogar bis in das für damalige Verhältnisse ferne Ägypten. Damit war auch im alten Ägypten die Grundlage für die Bierherstellung gelegt. Dort benutzte man ebenfalls Brotteig, und die bäuerlichen Fellachen am Nil brauen noch heute ihr Bier daraus. In Ägypten wurde Bier zu einem Volksgetränk, das sogar den Sklaven als »Grundnahrungsmittel« bewilligt wurde. Vom Nildelta stammen auch die ältesten Funde der

DAS ERSTE BIER
Mit großer Wahrscheinlichkeit stellten die Sumerer schon um 4000 v. Chr. das erste Bier her, wie alte Funde bewiesen haben.

11

Kulturgerste aus vordynastischer Zeit. Ähnliche Funde aus der Zeit um 4000 bis 4500 v. Chr. machte man in Nordsyrien und Assyrien.

Das einst süße und trübe Getränk der Sumerer, Babylonier und Ägypter würden wir heute aus geschmacklichen Gründen wahrscheinlich kaum als Bier bezeichnen. Denn damals war der Hopfen als Bierwürze noch nicht bekannt, und so wurden Honig, Zimt, Alraun, Anis, Safran, Eichenrinde, Rettich oder Wolfsblume hinzugegeben.

DIE ERSTEN BIERE
In den frühen Zeiten des Bierbrauens kannte man den Hopfen als Bierwürze noch nicht, sondern verwendete verschiedene Gewürze.

Das Bier der Germanen

Natürlich ist das Volksgetränk Bier keine deutsche Erfindung – die Bierrezeptur des Morgenlandes ist vermutlich vom seefahrenden Handelsvolk der Phönizier nach Nordeuropa eingeführt worden –, aber dennoch seit langer Zeit fester Bestandteil unserer Kulturgeschichte.

Seit der frühen Eisenzeit, also seit mindestens 3000 Jahren, ist das Bierbrauen auch in unseren Breiten gebräuchlich. Das älteste deutsche Zeugnis stammt aus dem bayerischen Kasendorf, nahe der Stadt Kulmbach. Hier wurden bei

Diese ägyptische Holzplastik war eine Grabbeigabe und zeigt Bierbrauer um 2000 v. Chr.

Ausgrabungen Bieramphoren aus der frühen Hallstattzeit (um 800 v. Chr.) gefunden. Ein Bierverlergerstein, der in der Nähe von Trier gefunden wurde, belegt, dass Bier bereits in den ersten Jahrhunderten n. Chr. eine begehrte Handelsware war.

Der römische Historiker Cornelius Tacitus (55–120 n. Chr.) überlieferte uns über die Germanen, dass sie »einen schauerlichen Saft, aus Gerste oder Weizen gegoren« tranken, und sicherlich kann die Qualität des Gerstensafts unserer Altvorderen nicht mit einem süffigen Pils oder Altbier heutiger Zeit verglichen werden.

Das Bier der Germanen wurde aus Gerste, Hirse oder Weizen gebraut. Bei ihnen war übrigens das Brauen ebenso wie das Kochen und Backen Frauensache. Sie entdeckten bald, dass nicht unbedingt Brot der Rohstoff sein musste, sondern dass es ausreichte, Getreide keimen und trocknen zu lassen. Gewürzt wurde das germanische Bier mit Myrte, Anis, Kümmel, Rosmarin, Eschenlaub oder bittere Eichenrinde. Als zusätzliche »Dröhnung« wurde häufig noch Honig zugesetzt, der die Gärung beschleunigte. Es war zu dieser Zeit eine kaum länger haltbare, trübe, süßlich-pappige und schaumlose Bierbrühe und für die Wein trinkenden Römer wohl das passende Getränk für Barbaren. Der Geschmack verbesserte sich erst, als man im 11. Jahrhundert den Hopfen für die Bierherstellung entdeckte, der bereits seit dem 8. oder 9. Jahrhundert bekannt war.

FRAUENSACHE
Das wissen die wenigsten: Bei den Germanen gehörte das Bierbrauen traditionell zur Aufgabe der Frauen.

Den Germanen verdanken wir auf jeden Fall die Verbreitung des Biers im nördlichen Europa. Es war ihr Lieblingsgetränk und ist es bis heute geblieben, sieht man einmal von dem etwas höheren Kaffeekonsum der Deutschen in der heutigen Zeit ab. Anders dagegen verhält es sich mit dem Bierkonsum in Frankreich und in den südlichen Ländern Europas – Italien, Spanien, Portugal und Griechenland. Auch dort gehört Bier zwar zu den beliebtesten alkoholischen Getränken, doch hat es im Vergleich zum Wein einen wesentlich geringeren Stellenwert als bei uns.

Die Klosterbraukunst

Erst zu Beginn des 9. Jahrhunderts wurde die Bierbrauerei im Reich Karls des Großen gefördert. In blutigen Kämpfen gründete Karl die Einheit des christlichen Abendlandes und förderte die Errichtung von Klöstern, die als Zentren von Landwirtschaft, Bildung und Wissenschaft auch bald die Träger des Fortschritts in der Brautechnik wurden.

Das »flüssige Brot« der Mönche

Die Mönche fanden heraus, dass ein nahrhaft gebrautes Bier auch satt machen konnte. Nach dem kirchlichen Grundsatz »Flüssiges bricht das Fasten nicht« wurde das Bier besonders während der Fastenzeit zum »flüssigen Brot«. Aber die Mönche durften nach den Klosterordnungen nicht nur für den eigenen Bedarf brauen. Jeder Bettler und Wandersmann, der am Kloster vorbeikam und an die Tür klopfte, erhielt angeblich nicht nur zu essen, sondern auch Bier. Und zu jener Zeit klopften zuweilen viele Leute an die Klosterpforten. Das kräftig gebraute Klosterbier wurde schnell bekannt, weil es bedeutend besser schmeckte als die meisten anderen Biere, denn die Klosterbrauereien legten großen Wert auf die Qualität des Braugetreides.

BELIEBTES KLOSTERBIER
Aufgrund der guten Brauzutaten war das in Klöstern hergestellte Bier im Mittelalter besonders beliebt.

Im Hochmittelalter gab es in Deutschland bereits 500 Klosterbrauereien. Das älteste Braukloster war St. Gallen in der heutigen Schweiz. Es wurde 612 von Benediktinern gegründet, besaß im Jahre 820 drei Brauhäuser und wurde zum Maßstab auch für andere Klosterbrauereien. Zu den ältesten Brauklöstern gehört auch das 725 ebenfalls von Benediktinern gegründete Kloster Weihenstephan bei Freising in Bayern. Sehr bald führte der Geschäftssinn mancher Äbte dazu, das gute und beliebte Klosterbier auch zu verkaufen. Die Mönche in Weihenstephan waren hierin die ersten: Sie erhielten bereits im Jahr 1040 das Recht, ihr Bier nicht nur zu brauen, sondern auch auszuschenken. In zahlreichen Klöstern entstanden gut florierende Wirtschaften, die sich später zu ernsthaften Konkurrenten der bürgerlichen Brauereien und Gaststätten entwickelten, weil sie auf preiswertere Arbeitskräfte und Grundstoffe zurückgreifen konnten und außerdem keine Steuern bezahlen mussten. Die Klagen des bürgerlichen Brauhandwerks, das sich schon im 13. Jahrhundert als Zunft oder Gilde organisiert hatte, führten im 15. Jahrhundert schließlich dazu, dass der Verkauf von Klosterbier und die Führung von Klosterschänken von vielen Landesfürsten eingeschränkt wurde.

Die Reformation führte dann zur Auflösung zahlreicher Klöster; weitere wurden im 30-jährigen Krieg zerstört. Die Säkularisation von 1803 brachte schließlich den endgültigen Niedergang der meisten Klosterbrauereien. Allein in Bayern gingen 200 in weltliche Hände über. Ganze elf Klosterbrauereien konnten sich bis auf den heutigen Tag behaupten. Bekannt sind das Kloster Andechs bei München, das um 800 erstmals erwähnte oberbayerische Kloster Ettal, das Franziskaner-Nonnenkloster Mallersdorf im Landkreis Straubing und das 746 gegründete Benediktinerkloster Tegernsee. Das Kloster Weihenstephan, das im 12. Jahrhundert erstmals systematisch den Hopfen als Bierwürze einführte, verlor 1803 sein Braumonopol und wurde zur Landwirtschaftsschule ausgebaut, die heute als Fakultät für Brauwesen zur Technischen Universität München gehört.

NIEDERGANG DER KLOSTERBRAUEREIEN
Die Reformation und der Dreißigjährige Krieg bewirkten das Ende zahlreicher Klosterbrauereien. Heute gibt es nur noch elf Klosterbrauereien in Deutschland.

Dieser Mönch kontrolliert die Qualität des Biers – Nürnberg 1596.

Das Bier im Mittelalter

Neben den Klöstern, die ihre Brauereien nach und nach zu Spezialbetrieben ausbauten, produzierten die Menschen in den Städten und Dörfern im frühen Mittelalter ebenfalls ihr eigenes Bier. Nicht selten wurde dabei zusätzlich für den Straßenverkauf oder für die eigene Schänke gebraut. Damals wurde noch nicht zwischen gewerblicher Bierproduktion und Hausbrauerei getrennt, denn ungenügende Transportmöglichkeiten erlaubten nur einen regional begrenzten Güteraustausch, und die kurze Haltbarkeit der meisten mittelalterlichen Biere ließ keine längeren Transportzeiten zu.

WICHTIGES GRUNDNAH- RUNGSMITTEL
Bier hatte im Mittelalter und auch in früheren Zeiten eine viel größere Bedeutung als heute, denn es galt als wichtiges Grundnahrungsmittel.

Die Menschen des Mittelalters tranken Bier zu allen Tageszeiten – sowohl kalt als auch warm –, und es wurden auch Speisen damit zubereitet. Die weniger betuchte Bevölkerung lebte damals hauptsächlich von Brot und Dünnbier. Denn Bier galt als Nahrungsmittel, da es zum einen noch kein differenziertes Nahrungsangebot gab – die Kartoffel als wertvoller Stärkelieferant war in Europa zu dieser Zeit noch unbekannt – und zum anderen aufgrund der damals meist unzureichenden Trinkwasserversorgung das Vorhandensein von sauberem Wasser durchaus nicht selbstverständlich war. In den meisten Häusern wurde ebenso selbstverständlich Bier gebraut wie Brot gebacken. Beides war damals die Aufgabe der Frau, und das Braugeschirr gehörte in manchen Gegenden bis zum 18. Jahrhundert sogar zur Mitgift.

Backen und Brauen gehörten auch noch zusammen, als sich im 13. Jahrhundert die verschiedenen Handwerkszweige entwickelten, und aus so mancher Bäckerei entstand im Laufe der Zeit eine gewerbliche Brauerei. Mit der zunehmenden Bedeutung der Städte entwickelte sich auch das Brauhandwerk zu einem wichtigen Gewerbezweig, der in den bierexportierenden Hansestädten oft die größte kommunale Finanzquelle darstellte.

Gambrinus, König von Flandern zur Zeit Karls des Großen, gilt als Erfinder des Bierbrauens.

Braurecht und Bierhandel

Zwischen dem 13. und 16. Jahrhundert boomten die gewerblichen Brauereien und der Bierhandel in Norddeutschland außerordentlich. Die wichtigsten Exporthäfen waren Bremen und Hamburg, von denen aus das Bier nach Skandinavien, Russland, Holland, Belgien, England und sogar bis nach Indien verschifft wurde. Die Freie und Hansestadt Hamburg hatte um 1500 etwa 600 Brauereien, und selbst die kleine Hansestadt Gardelegen in der Altmark brachte es im Jahre 1620 auf 250 Brauhäuser. Die Stadt Dortmund erkaufte sich bereits im 13. Jahrhundert ihr Braurecht und entwickelte sich zur zweitgrößten Bierstadt der Welt.

Auch die Stadt Einbeck im südlichen Niedersachsen war im Mittelalter einer der größten Bierexporteure in Europa. Als Geburtsstadt des Bockbiers lieferten die Städte Einbeck und Braunschweig seit dem 14. Jahrhundert dieses starke Bier an viele Fürstenhäuser, auch nach Bayern. Dort nannte man das beliebte Einbecker »Ainpöckisch Bier«, später dann »Ainpock« und »Oanbock«, und schließlich hieß es nur noch »Bock«.

EXPORT-WARE BIER
Von Bremen und Hamburg aus wurde das Bier schon früh in viele Länder verschifft, u. a. nach Russland, Skandinavien und Indien.

**UNTER-
GÄRIGES BIER**
Die Bayern gelten als
»Erfinder« des unter-
gärigen Biers, das
durch die längere
Lagerzeit bald zum
»Lager« wurde.

In Süddeutschland dagegen gab es zwar zahlreiche Klosterbrauereien, doch konnten die wenigen gewerblichen
Brauereien häufig nicht einmal den regionalen Bierbedarf
abdecken. Besonders im 15. und 16. Jahrhundert musste
deshalb das meiste Bier aus Norddeutschland nach Bayern
importiert werden. In Bayern trank man außerdem zu dieser Zeit vorwiegend Wein. Das änderte sich erst nach dem
Dreißigjährigen Krieg, der im Norden katastrophale Folgen hatte und zur Zerstörung der meisten Brauereien und
im Süden zur Verwüstung der Weinberge führte. Erst im
17. Jahrhundert wurde Bayern zum Bierland, und Mitte des
18. Jahrhunderts existierten dort bereits mehr als 4.000 gewerbliche Brauereien.

Aus Bayern kommt auch das untergärige Bier. Von der Hefe
ist dort erstmals im Jahr 1551 die Rede, und man kannte bereits die Unterschiede zwischen ober- und untergärigem
Bier. Das untergärige Bier setzte sich gegenüber dem obergärigen Bier im späten Mittelalter durch. Es wurde als »Lager« bekannt, weil es zur Nachgärung eben noch längere
Zeit gelagert werden musste.

Das Grutrecht

Der Hopfen als Bierzusatz wurde erst relativ spät wieder
entdeckt, nachdem er bereits im Altertum vom Grut, einem
Gewürzgemisch aus Sumpfmyrte, Rosmarin und Schafgarbe, verdrängt worden war. Das »Grutrecht« bildete in hiesi-
gen Landen teilweise bis ins 15./16. Jahrhundert die
Grundlage der Brauerei. Da der Hopfen aber das Grutrecht überflüssig zu machen drohte, wurde er von den
Grutberechtigten lange bekämpft und auch von der Obrig-
keit für die Brauerei nicht zugelassen. Erst im ausgehenden
Mittelalter konnte sich der Hopfen schließlich wieder
durchsetzen. Heute wissen wir, dass er für die Bierbrauerei
unschlagbare Vorteile besitzt, weil er das Bier nicht nur sehr
viel haltbarer macht, sondern auch besonders gut das Eiweiß aus der Bierwürze ausscheidet, die Schaumbildung
verbessert und zudem die angenehme Bittere für die Ge-
schmacksqualität des Biers liefert.

Das Reinheitsgebot von 1516

Bevor im Jahr 1516 das berühmte Reinheitsgebot von Herzog Wilhelm IV. von Bayern erlassen wurde, hatte es schon einige Versuche in dieser Richtung gegeben. In Nürnberg verordnete der Stadtrat bereits 1293, nur noch Gerste zum Brauen zu verwenden. (Vor 1516 wurden für die Bierherstellung nicht nur Gerste, sondern auch andere stärke- oder zuckerhaltige Stoffe wie Rosskastanien und diverse Getreidesorten verarbeitet.) Auch Regensburg brachte wegen der schlechten Bierqualität schon 1453 eine Brauordnung heraus. In München wurde es 1420 Vorschrift, das Bier nach dem Brauen acht Tage zu lagern. 1447 forderten die Münchner Stadträte von den Brauern, ausschließlich Gerste, Hopfen und Wasser zum Bierbrauen zu verwenden. Diese Forderung wurde 1487 von Herzog Albrecht IV. bestätigt und 1493 auch von Herzog Georg in Bayern/Landshut übernommen. Beide wussten, dass das Biergeschäft in Norddeutschland blühte, weil die Brauerzünfte dort auf eine ordentliche Bierqualität achteten. Das Reinheitsgebot von 1516 folgte also nur der bewährten Münchner Regelung von 1447. Tatsächlich wurde das Bier aufgrund dieser Verfügung auch besser, und die Bayern holten gegenüber den bis dahin unerreichbaren norddeutschen Brauern deutlich auf.

Das Reinheitsgebot gilt als die älteste lebensmittelrechtliche Bestimmung der Welt, wobei der Hintergrund dieser Regelung wohl kaum der Schutz des Biertrinkers vor verfälschtem Bier war. Dem Herzog ging es in Wirklichkeit darum, den knappen Weizen ausschließlich für die Brotherstellung zu sichern und den bayerischen Gerstenbauern einen krisensicheren Absatzmarkt zu gewährleisten.

Natürlich wurde das Reinheitsgebot oftmals umgangen, besonders in Notzeiten wie etwa im Zweiten Weltkrieg. Im bayerischen Schwarzach existierte zudem auch nach dem Erlass des Reinheitsgebots ein altangestammtes Weizenbier-Braurecht, das die Herren von Deggendorf ausübten. Als

GERSTE, HOPFEN, WASSER
Der wichtigste Absatz des Reinheitsgebots von 1516 lautet: »Ganz besonders wollen wir, dass forthin allenthalben in unseren Städten, Märkten und auf dem Lande zu keinem Bier mehr Stücke als allein Gersten, Hopfen und Wasser verwendet werden sollen.«

ihre Linie 1602 ausstarb, fielen die Rechte an das Herzogshaus der Wittelsbacher unter Maximilian I. Dieser finanzierte einen beträchtlichen Teil seiner ungeheuren Kosten für den Dreißgjährigen Krieg aus den Einnahmen seiner 1598 errichteten Herzoglichen Braunbier-Brauerei (heute Münchner Hofbräuhaus), in der das Weizenbier lange Zeit konkurrenzlos gebraut wurde. Dieses Exklusivrecht konnten sich die bayerischen Herrscher bis 1789 sichern.

Der Text des Reinheitsgebotes von 1516

»Wir verordnen, setzen und wollen mit dem Rat unserer Landschaft, dass forthin überall im Fürstentum Bayern sowohl auf dem Lande wie auch in unseren Städten und Märkten, die keine besondere Ordnung dafür haben, von Michaeli bis Georgi eine Maß (bayerische = 1,069 Liter) oder ein Kopf (halbkugelförmiges Geschirr für Flüssigkeiten = nicht ganz eine Maß) Bier für nicht mehr als einen Pfennig Münchener Währung und von Georgi bis Michaeli die Maß für nicht mehr als drei Heller (gewöhnlich ein halber Pfennig) bei Androhung unten angeführter Strafe gegeben und ausgeschenkt werden soll. Wo aber einer nicht Märzen sondern anderes Bier brauen und sonstwie haben würde, soll er es keineswegs höher als um einen Pfennig die Maß ausschenken und verkaufen. Ganz besonders wollen wir, dass forthin allenthalben in unseren Städten, Märkten und auf dem Lande zu keinem Bier mehr Stücke als allein Gersten, Hopfen und Wasser verwendet und gebraucht werden sollen. Wer diese Androhung wissentlich übertritt und nicht einhält, dem soll von seiner Gerichtsobrigkeit zur Strafe dieses Fass Bier, so oft es vorkommt, unnachsichtig weggenommen werden. Wo jedoch ein Gauwirt von einem Bierbräu in unseren Städten, Märkten und auf dem Lande einen, zwei oder drei Eimer (= enthält 60 Maß) Bier kauft und wieder ausschenkt an das gemeine Bauernvolk, soll ihm allein und sonst niemand erlaubt und unverboten sein, die Maß oder den Kopf Bier um einen Heller teurer als oben vorgeschrieben ist zu geben und auszuschenken. Auch soll uns als Landesfürsten vorbehalten sein, für den Fall, dass aus Mangel und Verteuerung des Getreides starke

STRENGE REGELN
Bei Nichteinhaltung der strengen Brauvorschriften entsprechend dem Reinheitsgebot von 1516 drohten den Bierherstellern deftige Strafen.

Beschwernis entstünde (nachdem die Jahrgänge und auch die Gegend und die Reifezeiten in unserem Land verschieden sind), zum allgemeinen Nutzen Einschränkungen zu verordnen, wie solches am Schluss über den Fürkauf ausführlich ausgedrückt und gesetzt ist.«

Das Reinheitsgebot heute

Das alte Reinheitsgebot hat noch heute seine Bedeutung. Das geltende Biergesetz bestimmt nämlich: »Zur Bereitung von untergärigem Bier darf … nur Gerstenmalz, Hopfen, Hefe und Wasser verwendet werden« (vorläufiges Biergesetz vom 29.7.1993). Die absolute Einschränkung auf Gerstenmalz gilt allerdings nur für untergäriges Bier. Für obergäriges Bier sind auch Malze aus Weizen sowie Zucker zugelassen. Ähnlich strenge Herstellungsrichtlinien gibt es nur noch in Norwegen, Österreich und der Schweiz.

INTERNATIONALES GESETZ
Das trotz EG-Richtlinien bei uns nach wie vor geltende Biergesetz wird auch in Österreich, der Schweiz und in Norwegen angewendet.

Im Rahmen der eurobürokratischen Gleichmacherei wurde das deutsche Reinheitsgebot als Handelshemmnis angesehen und im März 1987 vom Europäischen Gerichtshof in Luxemburg gekippt. Mussten bisher alle aus dem Ausland importierten Biere dem Reinheitsgebot entsprechen, so gilt das Reinheitsgebot heute nur noch für den Inlandsmarkt, also für Bier, das sowohl in Deutschland hergestellt als auch hier verkauft wird. Allerdings hatte diese Entscheidung bisher nur geringe Auswirkungen auf das Bierangebot in unseren Geschäften. Der Marktanteil ausländischer Biere ist nach wie vor äußerst gering (etwa 2,6 Prozent), ein Teil davon wird sogar, wohl wegen der besseren Absatzchancen, ebenfalls nach dem Reinheitsgebot gebraut. Für ausländisches Bier, das nicht dem Reinheitsgebot entspricht, schreibt die Bierverordnung von 1990 vor, dass »andere Stoffe« deutlich gekennzeichnet werden müssen. Nachzutragen bleibt die Begründung der EG-Harmonisierungsbefürworter: »Chemiebier« ohne Reinheitsgebot kann man einfacher und preiswerter herstellen. Deutlicher lässt sich Gewinnmaximierung contra Produktqualität und Gesundheit der Verbraucher kaum ausdrücken.

Bierbrauen im 19. Jahrhundert

Von der industriellen Revolution im 19. Jahrhundert profitierte auch die Brautechnologie. Bereits im 18. Jahrhundert löste die von James Watt erfundene Dampfmaschine die bisher von Pferden mühsam gelieferte Energie der Brauaggregate ab. Kurz danach wurden das Thermometer und das 1843 von dem Tschechen Balling erfundene Saccharimeter (Zuckerspindel) im Brauereigewerbe eingeführt.

ERFAHRUNG UND GLÜCK

Die Kunst des Bierbrauens bestand jahrhundertelang aus überlieferten Geheimrezepten, erworbener Erfahrung und Glück.

Bierbrauen und Wissenschaft

Erst vor gut 100 Jahren wurden die biochemischen Vorgänge der Bierherstellung nach und nach wissenschaftlich untersucht. Bekannt wurde die 1876 veröffentlichte Untersuchung »Etudes sur la bière« (Studien über das Bier) von Louis Pasteur. Er entdeckte die Bedeutung der Mikroorganismen beim Gärvorgang und bewies, dass niedere Lebewesen in der Luft in vorher keimfreie Stoffe gelangen und dort Fäulnisprozesse auslösen können. Seine Grundlagenforschung über die mikrobiologischen Zusammenhänge

Die Entdeckungen des französischen Chemikers und Biologen Louis Pasteur, hier 1885 in seinem Laboratorium, trugen entscheidend dazu bei, dass Bier durch Hygiene und Reinheit nahezu immer gelingt.

führte dazu, dass es nicht mehr wie bisher dem Zufall überlassen werden musste, ob ein Bier gelang oder sauer wurde. Reinheit und Hygiene sind seitdem die obersten Gebote bei der Bierherstellung.

Kurze Zeit später – im Jahr 1881 – gelang es dem dänischen Chemiker und Botaniker Emil Christian Hansen bei seinen Experimenten mit verschiedenen Bierhefen, einzelne Hefezellen zu isolieren und eine Reinkulturhefe zu vermehren. Von nun an konnten Hefezellen in Reinzucht mit gleichen Eigenschaften einen gleichmäßig guten Geschmack auf das Bier übertragen. Hansen war es auch, der den wissenschaftlichen Nachweis erbrachte, dass es unter- und obergärige Bierhefezellen gibt. Diese Untersuchungen waren die Basis für die Weiterentwicklung von Herstellungsverfahren, die seit Jahrhunderten kaum verändert worden waren.

Arbeiten über die Kältetechnik des Schotten William Kelvin führten 1873 zur Erfindung der Ammoniak-Kältemaschine durch Carl Linde (patentiert 1877). Dadurch wurde die Bierbrauerei erstmals weitgehend witterungsunabhängig. Besonders das untergärige Bier, zu dessen Gärung Temperaturen von 4 bis 10 °C in den Brauereien benötigt werden, konnte nun auch im Sommer gebraut werden. Die allgemeine Einführung und Weiterentwicklung der Kältetechnik in den Brauereien führte zu einer nachhaltigen Änderung der Trinkgewohnheiten. Das bis dahin vielfach ausschließlich verbreitete obergärige Bier wurde mit Ausnahme von einigen Regionen fast überall zugunsten von untergärigen Biersorten verdrängt.

Im 19. Jahrhundert entstanden die meisten Brauereien in Deutschland. 1880 waren es etwa 19 000, und gegen Ende des Jahrhunderts kam weltweit jedes vierte Bier aus Deutschland. Nach 1880 jedoch ging die Zahl besonders der kleineren Brauereien stetig zurück, denn viele konnten sich die nunmehr erforderliche Investition für die Kältetechnik nicht leisten.

AMMONIAK-KÄLTEMASCHINE
Durch die Erfindung der Kältemaschine kann Bier seit etwa 120 Jahren zu jeder Jahreszeit gebraut werden.

Die moderne Bierbrauerei

Deutschland ist ein Bierland. Es liegt in der Weltbierproduktion hinter den USA auf Platz zwei, gefolgt von Japan. Von den 1.644 Brauereien in der EG befinden sich allein 78 Prozent in Deutschland – mit 1234 Braustätten (1996) und 5000 bis 6000 Biermarken haben wir es auf eine beispiellose Vielzahl gebracht. Allein in Bayern gibt es über 700 Braustätten, gefolgt von Baden-Württemberg mit rund 170 und Nordrhein-Westfalen mit etwa 100 Brauereien. Mehr als die Hälfte aller deutschen Brauereien sind kleinere Braustätten mit einer Gesamtjahreserzeugung von weniger als 10 000 Hektoliter Bier je Braustätte. Die Zahl der Beschäftigten in den deutschen Brauereien liegt heute bei etwa 46 000 Mitarbeitern.

Bierherstellung als Industriezweig

Die moderne Großbrauerei, in der die Bierbereitung in zunehmendem Maß von Technik und Automatisierung bestimmt wird, ist heute längst ein Industriezweig wie jeder andere. Die Marktbedingungen erfordern allerdings auch bei den Brauereien eine möglichst hohe Produktivität.

WELTREKORD
Nirgendwo auf der Welt gibt es so viele Brauereien wie in Deutschland: Zwischen Nordsee und Bodensee können über 1.200 Braustätten gezählt werden.

Das hat zur Folge, dass immer mehr kleinere Brauereien unter dem Wettbewerbsdruck der Großbrauereien aufgeben müssen oder von diesen geschluckt werden. Dieser Konzentrationsprozess im Braugewerbe führte dazu, dass die Zahl der deutschen Brauereien seit 1960 um mehr als die Hälfte gesunken ist und weiterhin rapide abnimmt – zwei Drittel der Brauereien arbeiten heute mit Verlust. Gleichzeitig stieg die Zahl der Großbrauereien von etwa 30 auf 100. Dieser Verdrängungswettbewerb führt zu immer größeren Einheiten, zu mächtigen Konzernen, die längst nicht mehr »nur« Bier herstellen, sondern als Aktiengesellschaften mit anderen Industriezweigen oder Großbanken verflochten sind. Der Umsatz aller deutschen Brauereien betrug 1996 etwa 20 Mrd. DM, der Bierausstoß lag im gleichen Zeitraum bei rund 114 Mio. Hektoliter, wobei etwa sieben Prozent für die Ausfuhr hergestellt wurden. Der durchschnittliche Bierkonsum in Deutschland ist in den letzten 20 Jahren leicht gesunken und lag 1996 bei 132 Liter Bier pro Kopf. Damit ist der deutsche Biertrinker Vizewelt- und Europameister nach den Tschechen, gefolgt von den Dänen und Iren. Die mäßigsten europäischen Bierkonsumenten sind die Bewohner der Weinländer Italien, Frankreich und Griechenland.

Deutschlands größte Brauereigruppe hält einen Anteil von über neun Prozent des gesamten Bierausstoßes. 28 Brauereien erreichen jährlich eine Bierproduktion von mehr als einer Mio. Hektoliter Bier. An der Spitze der deutschen Braukonzerne liegt die Brau und Brunnen AG mit 10,8 Mio. Hektoliter Bierausstoß, gefolgt von der Binding-Gruppe (9,2) und der Holsten-Gruppe (7,2). Auf den Plätzen vier bis zehn der Großen folgen Haus Kramer mit Warsteiner (6,4), Beck & Co. (5,1), März-Gruppe (4,9), Bitburger (4,3), Karlsberger Verbund (4,0), Krombacher (3,8) und Gilde AG (3,2).

Die zehn größten Biermarken waren im Jahre 1994: Warsteiner (5,9 Mio. Hektoliter Inlandsabsatz), Krombacher Pilsner (3,7), Bitburger (3,7), Holsten (2,4), Veltins (2,3), König (1,9), Diebels (1,6), Paulaner (1,6), Becks (1,6) und Licher (1,5 Mio.).

Etwa 27 Prozent des gesamten Bierausstoßes werden in Fässer, fast 70 Prozent in Flaschen abgefüllt. Der Anteil von Einweggebinden beträgt durchschnittlich immer noch über 20 Prozent. Die bevorzugten Materialien für die Bierfässer sind Aluminium und Edelstahl, wobei das Keg-System mit den 30- und 50-Liter-Fässern neben den bauchigen Fässern zunehmend beliebter wird.

BIERFÄSSER
Nur ein knappes Drittel der gesamten deutschen Bierproduktion wird heutzutage noch in Fässer abgefüllt.

Eine Liste der Brauereimuseen in Deutschland, in denen der Besucher viel Wissenswertes über Geschichte und Kultur des Brauwesens erfahren kann, finden Sie im Anhang auf Seite 161.

Haus- und Hobbybrauerbewegungen

Das allerschönste am heutigen Industriebier aus dem Supermarkt ist die Werbung. Leider schmeckt dieses Bier aber nicht so gut, wie es die Werbung vorgaukelt, denn Bier ist heute ein industrielles Massenprodukt, aus dem so ziemlich alles herausgefiltert wurde, was es schmackhaft macht. Es soll lange haltbar sein, tausende von Kilometern transportiert werden können und überall gleich schmecken.

Bier, das zu Hause von Hobbybrauern gebraut wird, ist dagegen von besonderer Art. Ungefiltert, reich an wertvollen Inhaltsstoffen und nur begrenzt haltbar, spricht es bereits für eine hohe Qualität, die sich wohltuend von den stark filtrierten und pasteurisierten, extrem lange haltbaren Bieren der Großbrauereien abhebt. Ein weiterer Vorteil der eigenen Biererzeugung besteht darin, dass man weiß, was drin ist. Anders als die meisten gewerblichen Brauereien kommt der Hobbybrauer beim biologischen Ablauf des Brauens völlig ohne Hilfs- und Zusatzstoffe aus. Die Herstellung eines naturbelassenen Biers hängt damit nur noch von einer guten Qualität der Rohstoffe ab, die möglichst aus ökologischem Anbau stammen sollten.

Haus- und Hobbybrauer haben den Vorteil, eigene Bierrezepturen ausprobieren zu können und damit ganz urtümliche Biere zu erzeugen, die es in keinem Laden zu kaufen gibt. Sie brauen sich ihr Lieblingsbier, ein Hausbier, das sich grundsätzlich unterscheidet vom standardisierten Einheitscharakter der meisten heutigen Biertypen aus den Großbrauereien. Niemand drängt sie zum Ausschank, und der Sud kann entsprechend lange lagern und reifen. Allein der Hobbybrauer und seine Neugier entscheiden, wann Anstich ist. Diese kreativen Freiheiten wollen immer mehr Bierliebhaber genießen, wollen ihr Selbstgebrautes und damit ein qualitativ hochwertiges Bier trinken.

Bierbrauen als Hobby erfreut sich einer stetig wachsenden Beliebtheit.

Die »Vereinigung der Haus- und Hobbybrauer in Deutschland«

Seit einigen Jahren lässt sich in Deutschland ein zunehmendes Interesse am Hausbrauen feststellen. In diesem Trend liegt auch die 1995 gegründete bundesweite »Vereinigung der Haus- und Hobbybrauer in Deutschland e. V.« (VHD). Der VHD ist ein Zusammenschluss von aktiven Hausbrauern, die sich zur Aufgabe gemacht haben, eine jahrhundertealte Tradition auch bei uns wieder aufleben zu lassen: ein nach handwerklichen Methoden gebrautes echtes Bier, ohne Konservierung und ohne Chemie, unverwechselbar und vollmundig im Geschmack. Damit sollte sowohl den vielen vereinzelt dampfenden Braukesseln als auch den lokalen und regionalen Hausbrauergruppen in Deutschland ein gemeinsames Dach und ein Forum für den Erfahrungsaustausch gegeben werden.

VHD
Der VHD konnte bereits im ersten Jahr nach seiner Gründung die Zahl seiner Mitglieder mehr als verdoppeln.

Der VHD hat im ersten Jahr seines Bestehens seine Mitgliederzahl mehr als verdoppelt und gewinnt immer mehr Menschen, die an einer größeren Bereicherung der Geschmacksvielfalt interessiert sind, gerne gutes Bier trinken und etwas dafür tun wollen, dass es solches auch in Zukunft noch weiterhin gibt. Der Verein will Anfängern und Interessierten durch schriftliche Informationen, Anleitung und durch persönlichen Austausch Wege zeigen, aus einem anfänglichen Hobby eine mitreißende Freizeitbeschäftigung zu machen.

Drei- bis viermal im Jahr erscheint die »Flaschenpost«, der Mitgliederrundbrief des VHD mit vielen interessanten Informationen für Haus- und Hobbybrauer. Außerdem gibt es eine jährliche Mitgliederversammlung sowie ein bundesweites Treffen für alle Bierbegeisterten, das an wechselnden Orten in der ganzen Bundesrepublik stattfindet. Bei diesen Haus- und Hobbybrauertagen stehen neben den Informationen und dem Erfahrungsaustausch das gemeinsame Brauen verschiedener Biersorten und die Prämierung selbst gebrauter Biere im Mittelpunkt.

Internationale Hobbybrauerclubs

Auch im Ausland gibt es zum Teil schon seit Jahrzehnten Haus- und Hobbybrauervereinigungen, deren Mitgliederzahlen in die Tausende gehen. In den USA ist es die »American Homebrewers Association«, die ein sehr umfangreiches Journal mit dem Titel »Zymurgy« herausgibt. Dort hat die Begeisterung für das »homebrewing« große Wellen geschlagen, und in jeder größeren Stadt gibt es Läden, in denen Braurohstoffe, Zubehör und Informationen erhältlich sind. Regionale und amerikanische Brauclubs veranstalten Bierprämierungen und treffen sich zum regelmäßigen Erfahrungsaustausch. Die amerikanische Hausbrauerbewegung hat mittlerweile sogar einen positiven Einfluß auf den Biermarkt nehmen können. Während früher die zum Teil mit kritisch einzuschätzenden Zusatzstoffen gebrauten industriell erzeugten Lagerbiersorten vollständig den Markt dominierten, versuchen heute immer mehr amerikanische Brauereien Biere zu brauen, die dem Stil der »home brewer« entsprechen.

BRAUERCLUBS IN DEN USA
Die amerikanischen Hobbybrauerclubs konnten sogar Einfluss auf die heimische Bierindustrie nehmen.

In Frankreich und England hat der Unmut der Biertrinker gegenüber dem Standardbierangebot zu deutlichen Konsumbewegungen für Bier nach herkömmlicher Brauart geführt. In Frankreich heißt die Bewegung für traditionelles, ungenormtes Bier »Cht'i Vert«, in England ist es die »Campaign for Real Ale (CAMRA)«. Die CAMRA wurde vor 25 Jahren gegründet und hat heute über 25.000 Mitglieder. Diese Konsumentenbewegung strengt Kampagnen gegen die Übernahme von Kleinbrauereien durch die »Mega-Breweries« an. In der Buchreihe »Good Beer Guides« werden von dieser Organisation Pubs beschrieben und empfohlen, die »Real Ales« führen. In jedem Jahr findet außerdem das »Great British Beer Festival« statt, zu dem über 40.000 Besucher kommen, die mehr als 300 verschiedene »Real Ales« kosten können. Die CAMRA gibt auch eine monatlich erscheinende Zeitschrift mit dem Titel »What's Brewing?« heraus.

In der Schweiz hat sich vor einiger Zeit ein ähnlicher Verband mit dem Namen »Swiss Homebrewing Society« gegründet, der auch eine eigene Zeitschrift, den »Hopfenschlingel«, herausgibt.

ENGLISCHE HOBBYBRAUER
Die englische Hobbybrauerbewegung zählt heute rund 25 000 Mitglieder. Sie gibt u. a. Tipps, in welchen Pubs gutes Bier ausgeschenkt wird.

Eine Hochburg der britischen Bierkultur – ein Pub in der King's Road in London.

Zutaten für die Bierherstellung

Nach dem Reinheitsgebot dürfen nach wie vor nur Gerstenmalz, Hopfen, Hefe und Wasser im Bier enthalten sein.

Gerste

Im Prinzip kann aus jedem Getreide Bier gebraut werden. Gerste ist jedoch zum Mälzen und Brauen die am besten geeignete und heute wichtigste Getreideart – besonders Gerstenmalz enthält zahlreiche Enzyme, durch die Stärke und Eiweiß abgebaut und in eine lösliche Form überführt werden. Die Anbaufläche für Gerste beträgt in Deutschland fast ein Viertel des Ackerlandes.

Braugerste

Die beste Braugerste ist die lockerährige zweizeilige, nickende Sommergerste *(Hordeum distichum nutans)*. Ihre langen, schmalen Ähren hängen während der Reife, und die Körner liegen locker aneinander. In Westeuropa gibt es an die 300 Sorten, wobei die Sorten Alexis, Bido, Carina, Oriol, Union, Villa und Wisa am gebräuchlichsten sind. Sommergerste ist gegenüber anderen Gerstenarten zwar weniger ertragreich, dafür aber etwas eiweißärmer (9 bis maximal 11,5 Prozent) als etwa Futtergerste mit 14 Prozent Eiweiß und damit auch stärkereicher. Ein niedriger Eiweißgehalt ist besonders für helle Biere unerlässlich, weil eiweißreichere Gerste sich schlechter verarbeiten lässt, den Stärkegehalt verringert und Trübungen im Bier verursachen kann. Ein hoher Stärkegehalt führt andererseits zu einer besseren Maltoseausbeute beim Mälzungs- und Maischprozess (Malzausbeute 75 bis 85 Prozent).

NIEDRIGER EIWEISSGEHALT
Eiweißarme Gerste trägt dazu bei, den Stärkegehalt zu verringern und Trübungen im Bier zu vermeiden.

Gehalt und Qualität der Braugerste können je nach Sorteneigenschaften, Klima, Standort, Bodentyp, Wetterlage, Fruchtfolge, Vegetationszeit und Düngung variieren und verschiedene Vermälzungseigenschaften zur Folge haben. Gute Braugerste sollte folgende Werte aufweisen:
- Keimenergie und Keimfähigkeit mindestens 96%
- Quellvermögen mindestens 45%, besser über 50%
- Wassergehalt maximal 10 bis 12%
- Eiweißgehalt 9 bis 11,5% (möglichst nicht über 10,5%).

Malz

Die Inhaltsstoffe des Gerstenkorns werden beim Brauprozess in der Weise verändert und verflüssigt, dass daraus mit Hilfe von Hefe Alkohol und Kohlensäure entstehen. Zur alkoholischen Gärung benötigt man Zucker. Die Gerste enthält aber kaum vergärbaren Zucker, sondern besteht überwiegend aus zwei strukturell verschiedenen Kohlenhydraten (Amylose und Amylopektin), die erst durch Keimen und Mälzen in Zucker umgewandelt werden.

ENZYMBILDUNG
Beim Mälzen, der beschleunigten Keimungsphase des Gerstenkorns, werden die für die Verzuckerung notwendigen Enzyme gebildet.

Keimung

Bei der Malzbereitung (siehe Schema Seite 34) wird der natürliche Wachstumsvorgang des Gerstenkorns, nämlich die Umwandlung von Stärke und Eiweiß des Korns in lösliche Formen, künstlich beschleunigt. Dazu wird die mälzungsfähige Braugerste, sobald sie durch sachgemäße Lagerung ihre Keimruhe überwunden hat, zunächst gereinigt und sortiert und dann durch Einweichen in Wasser (Quellen) zum Keimen gebracht. Während des Keimprozesses vergrößern sich die Körner um etwa ein Drittel und bilden mit Hilfe der im Mehlkörper gespeicherten Nährstoffe kleine Blattkeime und Wurzelansätze. Das dauert vier bis zehn Tage bei einer Temperatur von 10 bis 18 °C, einer relativen Luftfeuchte von 95 Prozent und reichlich Sauerstoffzufuhr. Dabei werden die Körner häufig bewegt und gewendet.

Zusammensetzung des Gerstenkorns

● Kohlenhydrate insbes. Stärke	58,0–66,0%
● nicht stärkeartige Polysaccharide	10,0–14,0%
(Zellulose, Hemizellulose, Gummistoffe)	
● Eiweiße (Proteine)	2,2–2,5%
● Fette (Lipide)	2,2–2,5%
● verschiedene Zucker (Saccharose, Raffinose,	1,6–2,5%
Maltose, Glukose, Fruktose)	
● Gerbstoffe (Polyphenole)	0,1–0,3%

Beim Keimen bilden sich verschiedene Enzymgruppen in den Körnern (Amylasen, Proteinasen, Phosphatasen, Lipasen, Cytasen), die innerhalb bestimmter Temperaturbereiche den Abbau der Inhaltsstoffe vollziehen. So wird etwa die Stärke in Maltose und das Eiweiß in Aminosäuren umgewandelt, organische Phosphate und Fette werden abgebaut und die Zellwände aufgelöst. Je nach gewünschter Malzsorte kann dieser Umwandlungsprozess unterschiedliche Stadien haben, man spricht daher von mehr oder weniger gelösten Malzen.

Darren

Das so entstandene Grünmalz wird auf die Darre gebracht und bei langsam steigenden, genau kontrollierten Temperaturen getrocknet bzw. entwässert. Einige Spezialmalze werden später teilweise auch geröstet. Durch das Darren werden die Keimung und die damit verbundenen enzymatischen Vorgänge unterbrochen, ohne dass dabei wichtige Enzyme zerstört werden – es entsteht das typische Karamellaroma im Braumalz.

Nach dem Darren wird das Malz von den jetzt vertrockneten Keimen und Wurzeln befreit. Je nach Dauer des Darrprozesses und der Höhe der Darrtemperatur wird auch die Farbe des Darrmalzes beeinflusst. In Europa erfolgt die Angabe der Malzfarbe in EBC-Einheiten, wobei die hellsten Malze etwa 2,5 EBC (European Brewery Convention), Farb- oder Röstmalze dagegen bis zu 1500 EBC haben. Für helle Malze bzw. Biere beträgt die Darrtemperatur bis zu 82 °C, für mittlere bis zu 95 °C und für dunkle bis zu 105 °C. Je höher die Darrtemperatur ist, umso mehr Enzyme werden dabei zerstört. Hochabgedarrte Farb- und Röstmalze sind daher enzymlos und werden für einige Biersorten nur als Zusatz zu hellem Malz verarbeitet. Das Darrmalz hat nun bereits einen süßlichen Geschmack wie Malzbonbons, weil ein Teil der Stärke in Zucker umgewandelt wurde. Braufertig ist das Malz nach einer Lagerzeit von mindestens sechs Wochen.

ENTWÄSSERN
Beim Trocknen erfolgt eine Entwässerung des Malzes von 41 bis 50 Prozent auf 3,5 bis 4 Prozent bei hellem bzw. 1,5 bis 2 Prozent bei dunklem Malz.

Eigenschaften und Verwendung der Malzsorten

Gerstenmalz

**MALZ-
HERSTELLUNG**
Bis zum fertigen Malz
sind viele Arbeits-
schritte notwendig.
Dazu gehören das
Einweichen der
Körner in Wasser, das
Keimen und schließ-
lich das Darren.

Die Malzarten unterscheiden sich insbesondere in der Farbe des Malzes, die von der Dauer des Darrprozesses und der Höhe der Darrtemperatur beeinflusst wird. In Europa erfolgt die Angabe der Malzfarbe in EBC-Einheiten, wobei die hellsten Malze etwa 2,5 EBC haben, Röst- und Farbmalze bis zu 1600 EBC. Je höher die Darrtemperatur ist, umso mehr Enzyme werden dabei zerstört. Höher gedarrte Malze sind daher enzymarm oder sogar enzymlos. Diese Spezialmalze dienen in erster Linie als Geschmackszutaten und werden für einige Biersorten zur Verstärkung von Vollmundigkeit, Malzaroma, Farbe und Schaum nur in kleinen Mengen dem Normalmalz zugegeben (siehe Übersicht). Höhere Mengen der hochabgedarrten Spezialmalze können einen brenzligen Biergeschmack bewirken. Achten Sie deshalb sorgfältig auf die Dosierung.

Die Malzsorten

Malzsorte	Darr-temperatur	Farbe nach EBC	Zugabe/ Schüttungsanteil	Wirkung, Verbesserung
Gerstenmalz hell (Pilsener Malz)	82 °C	2,5–4	100%	herb, spritzig, hell
Gerstenmalz mittel (Wiener Malz)	95 °C	5,0–8	100%	Farbe (gold bis rötlich), Vollmundigkeit
Gerstenmalz dunkel (Münchner Malz)	105 °C	9,5–25	80–85%	Malzaroma, Farbe, Vollmundigkeit
Karamellmalz hell	150 °C	20–30	5–40%	Vollmundigkeit, Farbe, Schaum
Karamellmalz dunkel	180 °C	80–150	3–10%	Vollmundigkeit, Farbe, Malzaroma
Röstmalz	200 °C	800–1500	5–10%	Farbe, Aroma, Schaum
Farbmalz	200 °C	1300–1600	2–5%	Farbe, Aroma

Neben dem Gerstenmalz werden für einige Biersorten oder für Spezialbiere auch Malze aus anderen Getreidesorten verwendet. Diese werden jedoch fast nie ausschließlich eingesetzt, sondern immer nur in Verbindung mit Gerstenmalz. Die Mischungsverhältnisse zwischen Gerstenmalz und anderem Malz können dabei je nach Biersorte sehr unterschiedlich sein.

Weizenmalz

Als Braugetreide werden immer Winterweizensorten vorgezogen, weil diese eine erheblich geringere Anfälligkeit gegen Kleinstschädlinge und eine allgemein höhere Resistenz haben und gegenüber dem Sommerweizen die günstigeren Mälzungsergebnisse liefern. Weizenmalz wird etwa nach den gleichen Richtlinien hergestellt wie das Gerstenmalz. Besonderheiten ergeben sich dabei besonders wegen der dem Weizen fehlenden Spelzen (Getreidekornhülsen). Weizenmalz (hell) gehört zu den hellsten Malzsorten überhaupt, weshalb das Weizenbier in Bayern auch Weißbier heißt. Weizenbier muss mindestens 50 Prozent Weizenmalz enthalten; das Mischungsverhältnis zwischen verarbeiteter Gersten- und Weizenschüttung kann aber bis zu 1:2 betragen.

Weitere Malze und Malzersatzstoffe

Als Zusatz und zur Aromaverstärkung für einige obergärige Spezialbiere findet auch Malz aus Roggen, Tritikale, Dinkel und Emmer (bespelzter Weizen) Verwendung. Auch diese Spezialmalze werden zur Betonung bestimmter Biereigenschaften in einem ganz genau definierten Prozentsatz dem Gerstenmalz zugegeben.

Bei ausländischen Bieren sowie neuerdings bei einigen Hobbybrauern werden auch ungemälzte Getreide (Malzersatzstoffe) als Teil der Malzschüttung (5 bis 20 Prozent) eingesetzt, um bestimmte Biereigenschaften besonders hervorzuheben. Zu diesen Malzersatzstoffen, die nicht dem Reinheitsgebot entsprechen, gehören bereits vorverkleisterte Flocken aus:

FÜR SPEZIALBIERE
Bei der Herstellung bestimmter obergäriger Spezialbiere wird auch Malz aus Roggen, Dinkel und Tritikale verwendet.

- Gerste, um Vollmundigkeit und Schaumhaltigkeit zu verbessern;
- Hafer, um Vollmundigkeit und Schaum zu verbessern und dem Bier ein nussiges Aroma zu verleihen;
- Mais, um sehr helle und gleichzeitig trübungsarme Biere herzustellen;
- Reis, um sehr hellen Bieren eine spritzigere Note zu verleihen.

Die Malzanalyse

Die Mälzereien analysieren das fertige Malz und halten die Ergebnisse in einem Protokoll fest, um den Brauereien Rückschlüsse auf die Qualität und die spätere Verarbeitungsmöglichkeit des Malzes zu ermöglichen. Es gibt Hobbybrauer, die an diesen Analysewerten ebenfalls interessiert sind. Darum sollen die wichtigsten Normalwerte in der folgenden Übersicht dargestellt werden.

Analysewerte für Braumalz (Normalwerte)

Wassergehalt	1,5–4,0%
Extraktergiebigkeit (Gerstenmalz lufttrocken)	72–79%
Mehlschrotdifferenz nach EBC (Gerstenmalz)	unter 1,8%
pH-Wert (helles Malz)	ca. 5,9
Diastatische Kraft (Gerstenmalz)	220–290 DK

Als Hobbybrauer werden Sie sich Ihr Braumalz kaum selbst herstellen, da das Verfahren zu Hause sehr zeitintensiv und umständlich ist. Besorgen Sie sich das Malz am besten im Fachhandel (siehe Bezugsquellen Seite 154). Empfohlen sei hier besonders Getreide bzw. Braumalz aus kontrolliert ökologischem Anbau. Neben dem üblichen hellen Gerstenmalz ist auch mittleres und dunkles Malz erhältlich. Darüber hinaus gibt es auch Röst-, Farb- und Karamellmalze, die als Zusatz für besonders dunkle oder vollmundige Biersorten Verwendung finden, sowie Malze aus Weizen (hell oder dunkel) und Roggen.

> ### Tipp für den Hobbybrauer
>
> Da Bier in der Brauerei selten aus einer einzigen Malzsorte gebraut wird, können auch Sie als Hobbybrauer versuchen, mit verschiedenen Malzmischungen den individuellen Lieblingscharakter Ihres Biers herauszufinden. Dabei ist zu beachten, dass nur helles Braumalz noch ausreichend Enzyme für den Stärkeabbau enthält. Jede Malzschüttung, auch für dunklere Biere, muss also zu mindestens 50 Prozent aus hellem Malz bestehen.

Malzextrakte

Vom Fachhandel werden auch so genannte »Bierkits« angeboten – fertig gehopfte Malzextrakte, die bis zur Würzekochung genauso hergestellt werden wie ein normales Bier. Nach dem Kochen wird der Würze unter Vakuum Wasser entzogen (Dehydration), und es entsteht ein sirupartiger Extrakt. Dieser muss dann nur noch mit Wasser und Hefe vermischt werden, so dass das zeitaufwendige Maischen und Abläutern entfällt. Es ist zwar möglich, ein Bier ausschließlich aus Extrakten herzustellen, aber diese Extrakte sind gewöhnlich teurer als die üblichen Rohstoffe. Außerdem erreicht ein solches »Instantbier« hinsichtlich Vollmundigkeit und Aroma kaum die geschmacklichen Qualitäten eines aus Kornmalz und in handwerklichem Brauverfahren hergestellten echten Vollmaischebiers, weil viele Aromastoffe aus Malz und Hopfen bei der Herstellung der Extrakte verloren gehen. Allerdings schmeckt es häufig immer noch besser als ein genormtes Industriebier, besonders wenn man mit einer Mischung aus Extrakt und Kornmalz arbeitet. Insgesamt ist man beim Extraktbier bezüglich der Inhaltsstoffe jedoch an die Vorgaben des Herstellers gebunden und hat wenig Einfluss auf die Biereigenschaften.

Wenn Sie mit einer Mischung aus Korn und Malzextrakt brauen, können Sie sich das Maischen und besonders das Abläutern etwas erleichtern, weil dann die Menge des Trebers (siehe Seite 79) geringer ist. Außerdem kann damit der Stammwürzegehalt eines Vollmaischebiers erhöht werden.

BIERKITS

Mit den bereits fertig gehopften Bierkits entfällt das zeitraubende Maischen und Abläutern, denn der Malzextrakt muss nur noch mit Wasser und Hefe vermischt werden.

Zuckercouleur

Für dunkle Biere wird dunkles Braumalz benötigt, das der Hobbybrauer nicht immer vorrätig hat. Wenn Sie dennoch ein dunkles Bier herstellen möchten, verwenden Sie das übliche helle Braumalz und färben es mit Zuckercouleur. Nach dem Reinheitsgebot ist Zuckercouleur zwar nur für obergärige Biere erlaubt, doch auch für untergärige Biere erscheint der Zusatz von Zucker bei selbst gebrautem Bier vertretbar, da Sie als Hobbybrauer keinerlei andere Hilfsmittel oder Zusatzstoffe einsetzen werden. Neben der Färbung bewirkt Zuckercouleur eine karamellartige Geschmacksveränderung des Biers und erhöht darüber hinaus den Anteil des vergärbaren Extrakts. Zudem wird durch den Einsatz von Zuckercouleur der Stickstoffgehalt der Würze verdünnt.

Zuckercouleur selbst herstellen

Sie erhalten Zuckercouleur im Lebensmittelgeschäft, Sie können sie aber auch ganz einfach selbst herstellen. Dazu wird Zucker in einer Pfanne unter ständigem Rühren erhitzt, bis er eine sirupartige Konsistenz hat, schön braun ist und nach Karamellbonbon riecht. Danach verrühren Sie pro 100 Gramm Zucker 0,1 Liter Wasser so lange in der Pfanne, bis sich der Zucker vollständig gelöst hat.

WANN ZUGEBEN?
Beim Bierbrauen erfolgt die Zugabe von Zuckercouleur kurz vor Ende des Kochens der Bierwürze (siehe Seite 84).

Wenn Sie die Zuckercouleur nicht kaufen möchten, können Sie sie ganz leicht selber herstellen.

Hopfen

Der Hopfen *(Humulus lupulus)* ist eng verwandt mit dem Maulbeerbaum, der früher von den Chinesen als »Brotbaum« für ihre Seidenraupen genutzt wurde. Hopfen hat eine ausdauernde Wurzel; die kletternden, sechs bis zehn Meter langen, rechtswindenden Ranken sterben alljährlich ab und wachsen im Frühjahr wieder neu heran. Nur die weiblichen Pflanzen besitzen die traubenförmig gebauten Blütenstände mit ihren an der Innenseite rötlichgelb gefärbten Drüsen, die die Hopfenbitterstoffe *(Lupulin)* enthalten. Diese unbefruchteten weiblichen Blüten werden nach der Ernte zu Hopfenmehl ausgedroschen.

Bestandteile des Hopfens

Die in den Dolden enthaltenen Hopfenbitterstoffe bestehen im Wesentlichen aus:

- Alphasäure (Humulon); sie liefert allein 90 Prozent der Bitterstoffe
- Betasäure (Lupulon)
- anderen Weich- und Hartharzen
- ätherischen Ölen und anderen flüchtigen Geruchssubstanzen
- Gerbstoffen (Tannine)
- dem beruhigungsfördernden Alkaloid Hopein
- den Hormonen Daidzein und Genistein.

Die Wirkung des Hopfens

Hopfen ist ein wichtiger Bestandteil des Biers und wird zu diesem Zweck seit Jahrhunderten angebaut. Daneben enthält Hopfen bestimmte Inhaltsstoffe, die uns in dieser Weise kaum eine andere Pflanze zu bieten hat. Wir können daraus einen Schlaftee bereiten oder einen starken Auszug, der, mit Honig gesüßt und mit Alkohol versetzt, einen vorzüglichen Magenbitter ergibt. Hopfen gilt als Universalheilmittel, das nervenberuhigend und appetitanregend wirkt und Leber, Galle, Nieren, Milz und Blut reinigt.

DIE WENDEN
Laut Überlieferung hat eine slawische Volksgruppe, die Wenden, den Hopfen im 7. Jahrhundert nach Deutschland gebracht und kultiviert.

*Der Hopfen aus der
Hallertau in Bayern
ist der berühmteste der
Welt.*

LUPULINE
Die antibiotischen
Bestandteile des
Hopfens stoppen die
Entstehung bestimm-
ter Bakterien, wie
etwa die gefürch-
teten Milchsäure-
bakterien.

Der Hopfen verleiht dem Bier sowohl seine herbwürzige Bitterkeit als auch seine relativ lange Haltbarkeit durch die in den Hopfendolden enthaltenen antibiotischen Bestandteile *(Lupuline)*. Sie hemmen zudem das Wachstum bestimmter Bakterien (beispielsweise die von den Bierbrauern gefürchteten Milchsäurebakterien), weshalb das Lupulin auch in der Medizin Anwendung findet. Außerdem trägt der Hopfen, gemeinsam mit dem Eiweiß der Gerste, zur Festigkeit der Schaumkrone bei. Seine Gerbstoffe sorgen darüber hinaus zusammen mit den Gerbstoffen des Malzes für eine bessere Klärung und dauerhaftere Konservierung des Biers, weil sie das Eiweiß aus der Bierwürze besonders gut ausfällen.

Die Engländer haben am längsten gezögert, sich diese Vorteile zunutze zu machen. Heinrich VIII. verbot im 16. Jahrhundert die Verwendung von Hopfen, nachdem das Parlament zu dem Schluss gekommen war, der Hopfen sei »ein abscheuliches Kraut, das den Geschmack des Biers verdirbt und die Gesundheit gefährdet«. Für das englische Ale wurden stattdessen alle möglichen anderen aromatischen Kräuter wie Majoran, Fieberklee, Wermut, Salbei und Schafgarbe verwendet.

Anbau und Ernte

Im Mittelalter waren Mecklenburg, die Altmark und auch das Wendland im östlichen Niedersachsen bedeutende Hopfenanbaugebiete in Deutschland. Heute dagegen befinden sich die größten Hopfenanbaugebiete in klimatisch besonders begünstigten Regionen – allen voran die Hallertau bei Ingolstadt, mit 19 000 Hektar Fläche das größte Hopfenanbaugebiet der Welt. Weitere Anbaugebiete sind Spalt, Hersbruck, Kinding (Bayern), Tettnang, Rottenburg sowie Schwetzingen-Sandhausen (Baden-Württemberg). Weltweit bauen heute etwa 35 Länder Hopfen an. Deutschland ist mit 22 000 Hektar Anbaufläche der größte Hopfenproduzent, gefolgt von den USA (18 000 Hektar) und China (7000 Hektar).

Nach der Ernte der Blüten im August und September wird der Hopfen getrocknet und meist zu Presstabletten (Pellets) oder Extrakt verarbeitet. Je nach Eigenschaft der einzelnen Hopfenarten unterscheidet man grundsätzlich zwei Sorten: Bitterhopfen und Aromahopfen. Der Bitterhopfen hat einen höheren, Aromahopfen dagegen einen niedrigeren Alphasäuregehalt. Bioland-Vertragsbrauereien verwenden möglichst die unaufbereiteten Aroma-Doldenhopfen, zum Teil aber auch Hopfenpellets aus Aromahopfen. Besonders beim Hopfen sollten Sie möglichst nur Rohstoffe aus kontrolliert ökologischem Anbau verwenden (siehe Bezugsquellen Seite 154).

HOPFENARTEN
Bitterhopfen enthält mehr Alphasäure als Aromahopfen, der der Würze erst kurz vor dem Ende der Kochzeit zugegeben wird.

Hopfenpellets

Hopfenpellets werden üblicherweise als 90er, seltener in konzentrierter Form als 45er Pellets angeboten. Wenn Sie frischen Doldenhopfen verwenden, müssen Sie gegenüber den 90er Pellets etwa zehn Prozent mehr einsetzen, um die gleiche Ausbeute zu erreichen. Der Hopfenvorrat sollte zu Hause kühl (bei 0 °C), dunkel, trocken und unter Luftabschluss gelagert werden, damit die Bitterstoffe und Hopfenöle nicht altern oder oxidieren und damit ihre Bitterkraft einbüßen.

Eigene Hopfenernte

Frische Hopfenblüten können Sie an wild wachsenden Hopfenpflanzen ernten, oder aber Sie bauen den Hopfen im eigenen Garten an (der Monat April ist die beste Pflanzzeit). Für den Anbau benötigen Sie einige etwa 30 Zentimeter lange Wurzelabschnitte, die Sie im Abstand von 60 bis 90 Zentimetern an einer windgeschützten Stelle in Südwestlage mit viel Mist oder Kompost 30 Zentimeter tief einpflanzen. Außerdem brauchen die Hopfenpflanzen als Kletterhilfe ein hohes Gerüst.

Der Hopfen trägt im zweiten oder dritten Jahr und bedarf sorgsamer Pflege, das heißt, im Juni und Juli werden die Pflanzen alle 14 Tage mit Rinderdung- und Brennesseljauche im Verhältnis 1:10 gedüngt. Als biologischer Pflanzenschutz eignen sich Ohrwurm-Töpfe, mit Holzwolle ausgestopfte Blumentöpfe, die umgekehrt in jede Hopfenpflanze gehängt werden. Die Blüten werden im August oder September geerntet, spätestens wenn sie hellgrün, voll erblüht und mit gelbem Staub angefüllt sind. Dabei sollten die Dolden noch geschlossen sein, damit das Lupulin nicht herausfällt. Die Pflanzen werden 40 Zentimeter über dem Erdboden abgeschnitten, anschließend im Backofen langsam, aber vollständig bei 30 bis 50 °C getrocknet und wie bereits auf Seite 41 beschrieben gelagert. Soll der Hopfenvorrat bis zur neuen Ernte ein Jahr lang haltbar bleiben, können Sie ihn problemlos in der Tiefkühltruhe einfrieren.

RÜCKSCHNITT
Die männlichen Pflanzen sind unbrauchbar und werden stets vernichtet. Die weiblichen Pflanzen werden im Frühjahr auf zwei bis fünf Triebe zurückgeschnitten.

Die Pflege des eigenen Hopfens ist ein wenig aufwendig, aber als Belohnung haben Sie im August oder September eine reiche Ernte.

Hefe

In der Bierbrauerei ist die Wirkweise der Hefe erst seit Anfang des 17. Jahrhunderts bekannt – vorher war es mehr oder weniger Zufall, ob und wann die Bierwürze zu gären begann. Den Bäckern gelang die Vergärung der Würze meist noch am besten, weil die winzig kleinen Hefezellen in jeder Backstube reichlich vorhanden waren und über die Luft auf das Bier übertragen wurden. Was aber die frühen Bierbrauer damals noch nicht wussten, war, dass ihr Bier beim Abkühlen die in der Luft schwebenden Hefen an sich zog, und nicht selten entstand eine wilde, unerwünschte Gärung.

Die Wirkung der Hefe

Wegen ihres Eiweiß- und Vitamingehalts findet Hefe heute als Nähr- und Heilmittel breite Verwendung – vor allem als Treibmittel beim Backen. Bei der Hefe handelt es sich um mikroskopisch kleine einzellige Organismen aus der Gruppe der Sprosspilze, die überall in der Luft vorkommen. Sie bewirken, dass bei der Gärung des Biers Malzzucker als Stoffwechselprodukt zu gleichen Teilen in Alkohol und Kohlensäure umgewandelt wird. Genetische Unterschiede führen dazu, dass dabei untergärige Hefen (siehe Seite 44) das Trisaccharid Raffinose (eine Zuckerart) vollständig, obergärige Hefen dagegen nur zu einem Drittel vergären. Bei ausreichendem Zuckergehalt vermehrt sich die Hefe durch Zellteilung so lange, bis ein Teil der Zellen bei einem Alkoholgehalt von über 6,5 Prozent abstirbt.

Die Qualität eines Biers, bezogen auf Aroma, Vollmundigkeit, Schaum, Farbe und Bittere, wird nicht unwesentlich auch von der Geschwindigkeit und dem Ausmaß der Vergärung sowie vom Säurebildungsvermögen der Hefe bestimmt, außerdem durch die unterschiedliche Bildung von Stoffwechsel- oder Gärnebenprodukten und die Ausscheidung von Eiweiß-, Bitter- und Gerbstoffen.

WICHTIGER BESTANDTEIL
Die Hefe übt neben den übrigen Braurohstoffen und dem Brauverfahren einen großen Einfluss auf Aroma, Vollmundigkeit, Schaum, Farbe und Bittere des Biers aus.

Für die Bierherstellung wurden seit dem letzten Jahrhundert spezielle, dem jeweiligen Biertyp entsprechende Hefestämme entwickelt, sogenannte »Reinzuchthefen«, die frei von Begleitorganismen gezüchtet werden. Weil der Geschmack des Biers sehr vom jeweiligen Hefestamm abhängt, achten viele Brauereien darauf, durch eigene Reinzüchtungen genetisch identische Hefestämme zu erhalten. Je nach Art des zu brauenden Biers wird dabei eine ober- oder untergärige Heferasse verwendet.

REINZUCHTHEFEN
Viele Brauereien züchten ihre eigenen Hefestämme, damit das Bier immer den gleichen Geschmack aufweist.

Obergärige Hefen

Obergärige Hefen *(Saccharomyces cerevisiae)* bilden Sprossverbände und setzen sich während der Gärung in Form einer dicken Schaumkrone (Kräusen) an der Oberfläche des Jungbiers ab, wodurch das Bier während der Gärung geschützt ist. Obergärige Hefen arbeiten bei einer Temperatur von 15 bis 23 °C und erlauben deshalb eine etwas kürzere Gärphase.

Untergärige Hefen

Untergärige Bierhefe *(Saccharomyces carlsbergensis)* wird bei Temperaturen von vier bis zwölf °C aktiv, bildet keine Sprossverbände und setzt sich während der Gärung am Boden ab. Sie vergärt wegen der niedrigeren Temperatur langsamer und bildet eine dünnere Schaumkrone als obergärige Hefen. Untergäriges Bier kann wegen der niedrigeren Gär- und Lagertemperaturen mehr Kohlensäure bilden. Es schmeckt deshalb etwas frischer und ist länger haltbar als obergäriges Bier.

Bierhefe wird in verschiedenen Handelsformen angeboten: Trockenhefe, der in einem Trocknungsprozess die Flüssigkeit entzogen wurde, ist in der ungeöffneten Originalverpackung bis zu einem Jahr lagerfähig. Presshefe muss im Kühlschrank gelagert werden und ist zwei bis drei Wochen haltbar. Inzwischen werden vom Hobbybrauer-Fachhandel (siehe Bezugsquellen Seite 154) auch Flüssighefen für spezielle Biertypen in Brauereiqualität angeboten, die ebenfalls lange haltbar sind.

Hefevermehrung

Es ist nicht notwendig, für jeden Brautermin neue Hefe zu verwenden, da sich die Hefezellen leicht vermehren lassen. Allerdings ist eine Vermehrung nur zwei- bis dreimal ratsam, weil es sonst zu Mutationen kommen kann, die das Bier geschmacklich negativ beeinflussen.

Zur Vermehrung bereitet man einen halben Liter zehn- bis zwölfprozentige Zuckerlösung (55 bis 56 Gramm Dextrosezucker in einem halben Liter Wasser lösen), der zwei bis drei Schnapsgläschen Bier zugegeben werden. Dieser Sud wird aufgekocht und danach abgekühlt. Bei einer Temperatur von sieben bis zehn °C wird die untergärige Hefe zugegeben, bei obergäriger Hefe liegt die beste Temperatur zwischen 17 und 20 °C. Als Menge reichen fünf bis sieben Gramm Trocken- oder Presshefe bzw. zwei Esslöffel Frischhefe aus. Wichtig: Die Hefe muss kräftig eingerührt werden, da die Hefezellen zu Beginn ihrer Vermehrung Sauerstoff benötigen. Danach wird das Gefäß an einen ruhigen, zimmerwarmen Platz gestellt, wo sich die Hefe in zwei bis vier Tagen vermehrt. Danach kann sie verwendet werden, wie auf Seite 91 beschrieben.

Entscheidend für das Gelingen der Hefevermehrung sind absolut saubere Gefäße und Geräte, die vor der Verwendung in kochendem Wasser oder im Backofen bei 150 °C sterilisiert werden müssen. Außerdem sollten die Gefäße nur halb gefüllt werden, weil sich bei der Hefevermehrung viel Schaum bildet.

GESCHMACKSVERÄNDERUNG
Hefe sollte nur zwei- bis dreimal vermehrt werden, weil das spätere Bier sonst geschmacklich negativ verändert wird.

Brauwasser

Selbstverständlich muss Brauwasser ebenso wie unser Trinkwasser hygienisch völlig in Ordnung, das heißt klar, farb- und geruchlos sowie geschmacklich einwandfrei sein. Brauwasser soll darüber hinaus möglichst nicht hart und frei von bierschädigenden Bestandteilen und Organismen sein. Die Brauereien verfügen in der Regel über eigenes Brunnenwasser, das diese Anforderungen erfüllt, oder sie bereiten das Wasser in speziellen Anlagen auf, weil besonders das Brauwasser bei der Bierbereitung traditionell eine entscheidende Rolle spielt.

Die Wasserqualität

Als Hobbybrauer sind Sie zu Hause auf das normale Trinkwasser angewiesen. Um die Eignung des Wassers für das Bierbrauen zu überprüfen, sollten Sie sich beim Wasserwerk die wichtigsten Wasseranalysewerte besorgen. In manchen Gegenden werden diese Werte jährlich in der Tageszeitung veröffentlicht. Ein Vergleich des eigenen Wassers mit der Übersicht auf der folgenden Seite zeigt Ihnen, ob Ihr Wasser zum Bierbrauen geeignet ist.

DER GUSS
Die zum Bierbrauen notwendige Wassermenge heißt Guss. Zum Brauen von zehn Liter Bier benötigen Sie fast die doppelte Menge an Brauwasser.

Darüber hinaus können Sie die vier wichtigsten Parameter des Trinkwassers, nämlich die Gesamthärte, die Karbonathärte, den ph-Wert sowie den Nitratgehalt, mit einfach zu handhabenden Teststreifen oder Reagenzien direkt nachmessen. Die Teststreifen sind in Apotheken oder in Aquarienfachhandlungen erhältlich.

Stellt sich dabei heraus, dass Ihr heimisches Trinkwasser nicht zum Bierbrauen geeignet ist, entweder weil es zu hart (siehe Seite 52) oder zu nitratbelastet ist (siehe Seite 55), sollten Sie in ersterem Fall eines der ab Seite 52 beschriebenen Wasserenthärtungsverfahren anwenden oder aber – vor allem bei nitrathaltigem Wasser – auf reines Brunnenwasser ausweichen.

Brauwasser sollte folgende Werte beinhalten:		Grenzwerte für Trinkwasser laut Verordnung von 1990
Wasserhärte:		
• Gesamthärte	< 10 dH	–
• Karbonathärte	< 1/3 der Nichtkarbonathärte	–
pH-Wert	5,0 bis 7,0	6,5 bis 9,5
Eisen (Fe)	< 0,3 mg/l	0,2 mg/l
Mangan (Mn)	< 1,0 mg/l	0,05 mg/l
Nitrat (NO_3)	< 25 mg/l	50 mg/l
Abkürzungen: dH = deutsche Härtegrade, mg/l = Milligramm pro Liter, < = kleiner als		

Die Wasserhärte

Die Wasserhärte – das häufigste Problem für den Hobbybrauer – wird im Wesentlichen durch die Herkunft des Wassers bestimmt. Oberflächengewässer, deren Ursprung im Regenwasser liegt, sind im Allgemeinen um einiges weicher als Wasser aus tiefen Brunnen oder Gebirgsquellen, die ständigen Kontakt mit unterirdischem Gestein oder Erdschichten haben und dadurch mit Karbonaten angereichert werden. Karbonate sind an Kohlensäure gebundene Kalzium-, Natrium- und Magnesiumsalze. Jedes Wasser, soweit es nicht chemisch rein und destilliert ist, enthält zu einem gewissen Prozentsatz diese Salze.

Die Salze haben großen Einfluss auf die Qualität des Biers, da sie sich beim Erhitzen negativ auf das Malz in Maische und Bierwürze auswirken können: Durch eine pH-Erhöhung verändern sie den Säuregrad (die Acidität) der Würze. Dies wiederum führt zu einer ungünstigen Beeinflussung der enzymatischen Vorgänge, besonders bei der Umwandlung der Stärke in Malzzucker, und damit zu einer Extraktverminderung. Auch die Eiweißausscheidung wird

HERKUNFT DES WASSERS
Wie hart ein Wasser ist, richtet sich vor allem nach seiner Herkunft. Oberflächengewässer sind meist weicher als Wasser aus tiefen Brunnen und Gebirgsquellen.

negativ beeinflusst. Darüber hinaus können diese Salze bzw. der von ihrer Art und Menge bestimmte pH-Wert die Wirkung der Hopfenbitterstoffe geschmacklich beeinträchtigen oder die Hefe beim Gärprozess behindern. Die Folge ist eine Verringerung des Vergärungsgrades und eine mangelhafte Ausscheidung von Eiweiß, Gerbstoffen und Hopfenharzen – insgesamt also eine weniger befriedigende Zusammensetzung des Biers.

Die Summe der Kalzium- und Magnesiumverbindungen ergibt die Gesamthärte des Wassers, ausgedrückt in Milligramm je Liter Kalk oder genauer Kalziumoxid (mg/l CaO). Die Gesamthärte vermittelt also ein Bild über den Gehalt an Erdalkalien und dient damit als Summenwertangabe. Außerdem unterscheidet man bei der Gesamthärte zwischen Karbonathärte und Nichtkarbonathärte, beide zusammen ergeben die Gesamthärte.

GESAMTHÄRTE
Die Gesamthärte des Brauwassers ergibt sich aus der Summe der Kalzium- und Magnesiumverbindungen.

Die Qualität eines Biers wird wesentlich durch die Qualität des Brauwassers mitbestimmt. Quellgewässer sind im Allgemeinen salzhaltiger als Oberflächengewässer.

Karbonathärte

Die Karbonathärte wird aus den Anteilen des Kalzium-($CaCO_3$) und Magnesiumkarbonats ($MgCO_3$) gebildet, die sich an Kohlensäure (H_2CO_3) binden und im Wasser als Hydrogenkarbonate vorliegen. Sie bleiben nur dann in Lösung, wenn das Wasser eine bestimmte Menge Kohlensäure enthält, da zu jeder Menge an gelöstem Hydrogenkarbonat eine bestimmte Menge »Gleichgewichtskohlensäure« gehört. Wird diese Kohlensäure dem Wasser entzogen, zerfällt so viel Kalziumhydrogenkarbonat in wasserunlösliches Kalziumkarbonat und Kohlendioxid (CO_2), dass die Restmenge an in Lösung bleibendem Hydrogenkarbonat sich wieder im Gleichgewicht mit der Kohlensäure im Wasser befindet.

Die Karbonathärte wird auch als temporäre oder transistorische Härte bezeichnet, weil sie durch Kochen des Wassers weitgehend beseitigt werden kann, das heißt, Wasser verliert bei längerem Erhitzen seine Eigenschaft, den Kalk in gelöster Form zu behalten. Oder genauer: Durch Entweichen der freien Kohlensäure zerfallen die Bikarbonate und flocken als Karbonate aus. Die Kalzium- und Magnesium-Hydrogenkarbonate gehen in eine unlösliche Form – in Kalk – über, der sich am Kochgefäß absetzt und als Kesselstein (Kalziumkarbonat) bekannt ist. Die Karbonathärte als Teil der Gesamthärte des Wassers wird ausgedrückt durch die in CaO umgerechnete Menge der Erdalkalibikarbonate. Überwiegt bei der Gesamthärte die Karbonathärte, spricht man von Karbonatwässern. Dazu gehört z. B. das Münchner Brauwasser.

Nichtkarbonathärte

Bei der Nichtkarbonathärte, auch Sulfathärte oder bleibende Härte genannt, handelt es sich um die nach dem Kochen in Lösung verbleibenden und an andere Säuren (wie Salz-, Schwefel- und Salpetersäure) gebundenen mineralsauren Salze, z. B. Sulfat, Chlorid, Nitrat, Phosphat und Silikat als restlicher Teil des Kalziums und Magnesiums. Die

KALK
Durch längeres Kochen setzt sich der im Wasser enthaltene Kalk als weiße Schicht am Boden des Topfes ab.

49

Nichtkarbonathärte als Teil der Gesamthärte (Differenz aus Gesamthärte und Karbonathärte) wird ebenfalls in mg/l CaO ausgedrückt. Überwiegt bei der Gesamthärte die Nichtkarbonathärte, spricht man von Sulfatwässern. Dazu gehört z. B. das Dortmunder Brauwasser.

Für die Bierbrauerei ist die Karbonathärte des Wassers wichtiger als die Nichtkarbonathärte, wobei die Karbonathärte maximal etwa ein Drittel der Nichtkarbonathärte betragen sollte. Die Karbonathärte wirkt sich besonders bei hellen Bieren nachteilig aus. Ein Pilsener hat beispielsweise eine Karbonathärte von nur 1,3 °dH (Gesamthärte 1,6 °dH). Biere, die aus weniger sauren, also alkalischen Karbonatwässern gebraut werden, enthalten deshalb auch weniger Hopfen. Ein dunkles, gering gehopftes Bier kann auch noch mit einer Karbonathärte von 14 °dH gebraut werden, wie etwa die Münchner Biertypen.

KARBONATHÄRTE
Ein zu hoher Anteil an Karbonathärte sollte besonders bei hellen Bieren vermieden werden, weil es sonst zu geschmacklichen Beeinträchtigungen kommt.

Geringe Mengen an Kalzium sind allerdings erwünscht, weil dadurch der Extrakt aus Malz und Hopfen beim Maischen und Kochen der Bierwürze verstärkt wird, Trübungen verhindert werden und die Hefevermehrung unterstützt wird. Auch geringe Mengen an Magnesium-Ionen aktivieren den Kohlenhydratstoffwechsel der Hefe. Eisen ist in kleinen Mengen für den Atmungsstoffwechsel wichtig, und Zink unterstützt die Eiweißsynthese sowie die Hefevermehrung. Geringe Sulfatmengen verbessern die Wirkung der Hopfenbitterstoffe, und ein leichter Anteil von Chlorid fördert Geschmacksfülle und Süße des Biers.

Der pH-Wert

Der pH-Wert (pondus Hydrogenii) drückt aus, ob ein Wasser neutral, sauer oder basisch (= alkalisch) ist. Wasser (H_2O) ist nichts anderes als eine Vielzahl von Molekülen, die aus je zwei Atomen Wasserstoff (H_2) und einem Atom Sauerstoff (O) bestehen. Diese Moleküle zerfallen (dissoziieren) zum Teil in die elektrisch geladenen Bestandteile (Ionen) OH und H, wobei die OH-Ionen negativ (OH-), die H-Ionen positiv (H+) geladen sind.

Ist die Summe der negativ und positiv geladenen Teilchen gleich, heben sich die Ladungen insgesamt gegenseitig auf, das Wasser ist neutral. Überwiegt dagegen die Zahl der H-Ionen (H+), spricht man von einer Säure. Ist umgekehrt die Zahl der OH-Ionen größer, handelt es sich um eine Lauge.

Der pH-Wert gibt die Wasserstoffionenkonzentration im Verhältnis zu chemisch reinem (neutralem) Wasser an: Ein pH-Wert von sieben ist neutral, ein pH-Wert zwischen eins bis sieben gilt als sauer, und ein pH-Wert zwischen 7 und 14 wird als alkalisch eingestuft.

Verhältnis von Wasserhärte und pH-Wert

Die zahlenmäßige Festlegung der Wasserhärte geschieht meistens in »Grad deutscher Härte« (°dH). Häufig wird darüber hinaus die Konzentration der Kalzium- und Magnesiumsalze in Millimol Kalzium pro Liter (mmol/l Ca) bestimmt. In beiden Fällen werden bei der Berechnung sowohl die Magnesiumsalze als auch andere Salze in Kalziumeinheiten umgewandelt.

»GRAD DEUTSCHER HÄRTE«
In »Grad deutscher Härte« wird die Wasserhärte ausgedrückt. Die Skala reicht von 0 °dH bis 21 °dH.

Härtebereiche des Wassers

Härtebereich	Beurteilung	Gesamthärte in °dH	Gesamthärte in mmol/l Ca
1	weich	0–7	0–1,3
2	mittelhart	8–14	1,3–2,5
3	hart	15–21	2,5–3,8
4	sehr hart	über 21	über 3,8

Umrechnung der Gesamthärte:
1° dH entspricht = 7,19 mg/l Kalzium (Ca)
= 4,33 mg/l Magnesium (Mg)
= 10 mg/l Kalziumoxid (CaO)
= 7,14 mg/l Magnesiumoxid (MgO)
= 17,8 mg/l Kalziumkarbonat ($CaCO_3$)
= 15 mg/l Magnesiumkarbonat ($MgCO_3$)
= 0,18 mmol/l Erdalkalien (umgerechnet in Ca)

1 mmol/l entspricht = 5,6 °dH
= 40mg/l Kalzium (Ca)

Das Säurebindungsvermögen

Für andere Anwendungsbereiche wird nicht mit Härtegraden gerechnet, sondern mit einem linear transformierten Wert, dem Säurebindungsvermögen (SBV). Kalk ist in der Lage, Säure zu binden, so dass der Kalkgehalt stets auch als Säurekapazität oder Säurebindungsvermögen ausgedrückt werden kann, was wiederum einer vereinfachten Karbonathärtebestimmung entspricht. Beide Größen können leicht umgerechnet werden: Je höher der SBV-Wert (die Gesamtalkalität), je höher also der Gehalt an gelöstem Kalk,

---

Umrechnung: Härte in SBV-Wert

1^0 Karbonathärte : 2,8 = Säurebindungsvermögen (SBV) oder Alkalität. Säurebindungsvermögen oder Alkalität x 2,8 = 1^0 Karbonathärte.

SBV- UND PH-WERT

Der pH-Wert des Wassers wird entscheidend vom Säurebindungsvermögen (SBV) des im Wasser enthaltenen Kalks bestimmt.

desto stabiler wird der pH-Wert, und desto besser ist er gegen Schwankungen gepuffert. Das liegt nicht nur daran, dass Kalk Säuren bindet und damit ein Absinken des pH-Werts vermieden wird, sondern Kalk kann auch einen Anstieg des pH-Werts verhindern. Da jedoch bei der Erhitzung des Wassers nicht nur eine Enthärtung eintritt, sondern auch die freie Kohlensäure entweicht, wird das Säurebindungsvermögen herabgesetzt. Dies führt zu einem erhöhten pH-Wert, der natürlich relativ schnell wieder ausgeglichen, das heißt auf einen neutralen – bei Brauwasser leicht sauren – Bereich eingestellt werden muss (siehe Seiten 53 bis 55).

Wasserenthärtungsverfahren

Sollte Ihr Trinkwasser über zehn °dH haben oder die Karbonathärte mehr als ein Drittel der Nichtkarbonathärte ausmachen – dazu können Sie sich bei Ihrem örtlichen Wasserwerk erkundigen oder aber den Härtegrad mit Hilfe eines Teststreifens aus der Apotheke selbst ermitteln –, ist eine Wasserenthärtung nach einem der folgenden Verfahren ratsam.

Enthärtung durch Abkochen

Durch das Abkochen (etwa 30 Minuten) erreicht man eine Verringerung der Wasserhärte um etwa fünf °dH. Nach dem Abkühlen setzt sich am Boden des Topfes sichtbar Kalk ab. Das enthärtete Wasser kann jetzt mit einem Bierheber abgezogen werden, ohne den Bodensatz dabei aufzuwirbeln. Die letzten zwei Liter des milchigen Bodensatzes werden weggeschüttet.

Da aber wie bereits erwähnt beim Kochen des Wassers die freie Kohlensäure entweicht und sich der pH-Wert erhöht, muss das behandelte Wasser wieder auf einen neutralen bzw. für das Brauwasser leicht sauren Bereich (pH fünf bis sieben) eingestellt werden. Dies kann mit Ätzkalk geschehen (siehe unten) oder – noch einfacher – durch die Zugabe von Sauermalz beim späteren Maischen (siehe Seite 73). Sauermalz (erhältlich im Hobbybrauer-Fachhandel, siehe Bezugsquellen Seite 154) hat einen Milchsäuregehalt von vier bis fünf Prozent und begünstigt die Säurewertverhältnisse der Maische, führt also zu einer pH-Wert-Absenkung und verbessert damit den Enzymabbau. Der Anteil von Sauermalz beträgt drei bis sechs Prozent der zum Maischen eingesetzten Malzmenge.

Enthärtung mit Ätzkalk

Eine noch genauere und besonders energiesparende Enthärtung kann mit dem ungiftigen Ätzkalk (Kalziumoxid), auch gebrannter oder ungelöschter Kalk genannt, erreicht werden. Vor allem Bioland-Brauereien wenden dieses Verfahren an, das auch Kalkmilch-Enthärtung genannt wird. Das Kalziumoxid (CaO) verbindet sich mit den im Wasser gelösten Karbonaten, und es entstehen schwer lösliche Salze, die sich im Gefäß absetzen.

Der Ätzkalk wird kräftig in das zu enthärtende Wasser eingerührt und sollte eine Stunde wirken. Eine ganz exakte Dosierung ist jedoch häufig nicht möglich, weshalb noch CaO-Überschüsse vorhanden sein können, die den pH-Wert des Wassers erhöhen und damit in den alkalischen Bereich verschieben. Der Enthärtungseffekt muss deshalb

ÄTZKALK
Ätzkalk oder ungelöschter Kalk ist in der Apotheke erhältlich. Er wird vor allem von Biobrauereien zum Wasserenthärten eingesetzt.

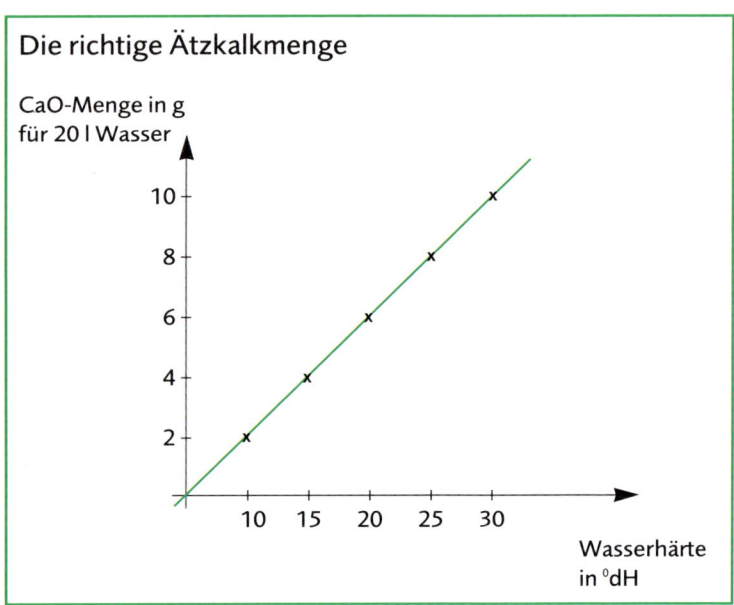

Die richtige Ätzkalkmenge

CaO-Menge in g
für 20 l Wasser

(Diagramm: x-Achse Wasserhärte in °dH mit Werten 10, 15, 20, 25, 30; y-Achse CaO-Menge in g mit Werten 2, 4, 6, 8, 10)

**DER OPTIMALE
PH-WERT**
Brauwasser sollte
keineswegs alkalisch,
sondern neutral oder
besser noch geringfü-
gig sauer sein. Opti-
mal ist ein pH-Wert
zwischen 5,4 und 5,6.

anschließend unbedingt überprüft werden, da schon ein geringer Überschuss an freier Alkalität zu schweren Störungen beim Maischen führt.

Überprüfung des Säurewerts

Die Prüfung von CaO-Überschüssen bzw. des Säurewerts (Acidität) des Wassers erfolgt mit Lackmus-Papier (aus der Apotheke). Hierzu wird ein Tropfen des enthärteten Wassers auf den Lackmus-Streifen gegeben. Eine Blaufärbung signalisiert eine basische, Rotfärbung dagegen eine saure Reaktion. Liegt eine Blaufärbung vor, muss das enthärtete Wasser so lange mit unbehandeltem Wasser verdünnt und verrührt werden, bis die basische Reaktion (Blaufärbung) aufhört, das Wasser also neutral ist.

Diese Neutralisierung kann alternativ auch mit biologisch gewonnener Milchsäure oder aber durch Sauermalz (siehe Seite 73) beim späteren Maischen erfolgen. Eine Neutralisierung mit Salz-, Phosphor- oder Schwefelsäure wäre zwar ebenfalls möglich und auch unschädlich, würde dem Reinheitsgebot jedoch widersprechen.

Enthärtung mit Kalziumchlorid oder Braugips

Auch mit Kalziumchlorid (CaC_2), dem Salz der Salzsäure, oder reinem Gips (Kalziumsulfat, $CaSO_4$), dem Salz der Schwefelsäure, kann das Wasser enthärtet werden. Der Zusatz von Braugips (erhältlich im Hobbybrauer-Fachhandel, siehe Bezugsquellen Seite 154) verschiebt den pH-Wert in den sauren Bereich und begünstigt damit die enzymatischen Abbauvorgänge beim Brauvorgang. Mehr als drei Gramm Braugips je zehn Liter Brauwasser darf man jedoch nicht zufügen, weil es sonst zu geschmacklichen Beeinträchtigungen des Biers kommt.

Enthärtung mit Aktivkohle

Die als Brita-Wasserfilter bekannten Filterpatronen enthalten Aktivkohle und spezielle Ionenaustauscherharze, welche ein Absinken sowohl der Karbonathärte des Leitungswassers als auch des pH-Werts bewirken.

Um ein Aufkeimen des Wassers zu verhindern, sind Aktivkohle bzw. Ionenaustauscherharz allerdings oft gesilbert, es können also ständig geringe Mengen Silber im Wasser enthalten sein. Die Bioland-Braurichtlinien lehnen daher die Wasserenthärtung mit Aktivkohle ab.

Nitrat

Neben der Wasserhärte ist der Nitratgehalt des Wassers ein weiteres häufiges Problem, denn beim Bierbrauen führt bereits ein Nitratgehalt über 20 bis 25 Milligramm pro Liter Wasser zu Störungen bei der Gärung. Bei weichem bis sehr weichem Wasser kann selbst ein niedrigerer Nitratgehalt nachteilig sein. Durch die Verwendung konventionell angebauter Hopfensorten kann darüber hinaus eine zusätzliche Nitratbelastung der Bierwürze eintreten. Nitrat wird von der Hefe bei der Gärung zu Nitrit (NO_2) reduziert. Nitrit ist ein Hefegift und darf im Brauwasser keinesfalls enthalten sein. Aus diesem Grund ist es ratsam, den wesentlich geringer nitratbelasteten Hopfen aus ökologischem Anbau zu verwenden.

NITRAT
Das schädliche Nitrat (CO_3) ist ein Salz der Salpetersäure und wesentlicher Bestandteil stickstoffhaltiger Düngemittel.

Das Grundzubehör

Obwohl die moderne Bierbrauerei heute hochtechnisiert ist, lässt sich Bier nach wie vor auch mit einfachen Gerätschaften brauen.

Ausrüstung und Gerätschaften

In den Anfangszeiten der Bierbrauerei hatten die Menschen nur sehr einfache Geräte. Darum ist die Hobbybrauerei auch heute noch mit einer in fast jedem Haushalt vorhandenen Ausrüstung möglich. Zur Erleichterung des Brauvorgangs können Sie sich einige Geräte im Fachhandel für Hobbybrauer besorgen (siehe Bezugsquellen Seite 154), andere dagegen können Sie sogar selbst bauen. Bevor es ans Brauen geht, sollten unbedingt alle erforderlichen Gerätschaften vorhanden sein und bereit liegen.

Schrotmühle

Zum Schroten des Malzes ist eine spezielle Malz-Schrotmühle aus dem Hobbybrauer-Fachhandel (siehe Bezugsquellen Seite 154) am besten geeignet. Notfalls kann aber auch eine elektrische Mehrzweck-Küchenmaschine mit großem Schlagwerk verwendet werden. Getreidemühlen und insbesondere elektrische Kaffeemühlen sollte man dagegen nicht zum Schroten einsetzen, weil die Malzkörner zu stark zerkleinert oder gar erhitzt und dadurch die Enzyme geschädigt werden.

Wollen Sie nicht selbst schroten, können Sie bereits fertig geschrotetes Malz kaufen. Es ist zwar geringfügig teurer als die ganzen Körner, hat dafür aber auch gleich die optimale Körnung.

KÜCHEN-MASCHINE
Wenn Sie keine eigene Schrotmühle besitzen, können Sie alternativ auch eine Küchenmaschine mit Schlagwerk benutzen.

> ### Tipp für den Hobbybrauer
> Die in diesem Buch vorgeschlagenen Rezepte (siehe Seite 106) gehen von einer fertigen Biermenge von rund zehn Liter aus. Wenn Sie größere Mengen brauen möchten, müssen Sie die angegebenen Zutaten entsprechend umrechnen und teilweise größere Gefäße verwenden.

Die Grundausrüstung auf einen Blick

Gerät	Zweck
● 1 Malz-Schrotmühle	Braumalz schroten
● 1 Küchenwaage	Braumalz abwiegen
● 1 Messbecher (1 Liter)	Brauwasser abmessen
● 1 Kochtopf (kein Zink oder Aluminium) oder elektrischer Brautopf (Sudkessel), 20–30 Liter, mit Thermostat und Auslaufhahn	Maischen und Würze kochen
● 1 Stabthermometer (ca. 0–110 °C) mit Kunststoffgehäuse (kein Metall)	Maischetemperatur überprüfen
● 2 Kochlöffel (Bierlöffel), mind. 50 cm lang	Maischen und Würze kochen
● ca. 100 ml Jodlösung	Jodprobe (Verzuckerung messen)
● 1 selbst gebauter Läuterbottich oder 1 großes Gemüsesieb und 1 Baumwollwindel	Abläutern (erstes Filtern)
● 1 Eimer (10 Liter)	Abläutern
● 1 Schaumkelle	Abläutern, Gärschaum entfernen
● 1 Kochtopf (10–20 Liter)	Wasser für Nachguss erhitzen
● 1 Schöpfkelle (Suppenkelle) oder 1 kleiner Stieltopf	Aufguss
● 1 Messzylinder (250 ml)	Würzgehalt messen (Spindelprobe)
● 1 Bierwürzespindel	Würzgehalt messen
● 1 Bierheber	Spindelproben entnehmen
● 1 Briefwaage	Hopfen abwiegen
● 1 Würzesiebbeutel (Maschenweite 0,2 Mikrometer) mit Trichter oder 1 Gemüsesieb und 1 Baumwollwindel	Ausschlagen (zweites Filtern)
● 1 Plastikwanne	Abkühlen der Würze im Gärgefäß
● 1 Gärgefäß/Gärfass (ca. 30 Liter) mit großer Öffnung, Deckel, Gärglocke oder -röhrchen und Abflusshahn	Hauptgärung
● 1 großer Löffel	Hefeflecken entfernen
● 1 Abfüllschlauch (Gummi oder Kunststoff), 1–2 m lang, mit Schlauchklemme	Abfüllen (Schlauchen)
● 1 Raumthermometer (ca. −10 bis +50 °C)	Gärung, Lagerung
● evtl. ein zweiter Gärbehälter mit Gärglocke	Nachgärung
● mind. 10 Bierflaschen à 1 Liter, mit Bügelverschluss	Nachgärung, Lagerung
● Ersatzgummidichtungen für Bügelverschluss-Bierflaschen	
● 1 Flaschenreinigungsbürste	

Bierlöffel

Die Bierkochlöffel werden zum Maischen und Würzekochen benötigt. Die üblichen Haushaltskochlöffel sind jedoch leider häufig zu kurz und gestalten das Rühren der Maische (siehe Seite 74) recht mühselig. Schaffen Sie sich deshalb möglichst zwei Braulöffel mit mindestens 50 Zentimeter Länge an (erhältlich im Hobbybrauer-Fachhandel, siehe Bezugsquellen Seite 154). Verwenden Sie die Braulöffel am besten ausschließlich zum Bierbrauen, damit auch nicht die kleinsten Fettreste oder andere Partikel ins Bier eingeschleppt werden können und Ihre Mühe am Ende umsonst ist.

> ## Tipp für den Hobbybrauer
>
> Beim Maischen und Würzekochen muss gelegentlich geprüft werden, wie viel Bierwürze sich noch im Topf befindet und wieviel Wasser bereits verdampft ist. Die meisten Kochtöpfe haben jedoch keine Literskala am Rand, wie wir sie von Messbechern her kennen. Die Skala lässt sich leicht mit einem langen Braulöffel herstellen. Dazu wird in den Kochtopf mit einem Messbecher literweise Wasser gefüllt, der Löffel nach jedem Liter gerade in den Topf gehalten und mit einem wasserfesten Stift der Wasserrand am Löffelstiel markiert. Nach drei bis vier Strichen können Sie den Rest der Literskala mit einem Millimeterstab ergänzen.

Bierwürzespindel

Die Bierwürzespindel oder auch Bierspindel dient zur genauen Ermittlung des Extraktgehalts, d.h. der Konzentration der Bierwürze nach dem Abläutern der Dickmaische in Phase 3 (siehe Seite 81). Je höher der gelöste Zuckergehalt der Würze ist, desto höher ist ihr spezifisches Gewicht. Der Wert kann dann einfach von der Skala auf der Spindel abgelesen werden. Dieses unentbehrliche und preiswerte Instrument können Sie entweder im Hobbybrauer-Fachhandel erstehen (siehe Bezugsquellen Seite 154) oder auch selbst bauen.

WÜRZEGEHALT PRÜFEN

Mit der Bierwürzespindel wird in den unterschiedlichen Brauphasen immer wieder der Würzegehalt gemessen.

Bierwürzespindel selbst bauen

Materialbedarf für eine Bierspindel:
- 1 Rundholz, 20 bis 30 Zentimeter lang, Durchmesser 2 bis 3 Millimeter
- 1 Stück dünner Blumendraht
- 1 Stück Balsaholz, 1 x 1 x 2 bis 3 Zentimeter
- etwas Holzklebstoff
- 1 kleiner Topf Klarlack, wasserfest

KAUFEN ODER SELBST MACHEN?
Eine gekaufte Bierspindel ist bereits auf die Würze- bzw. Zuckerprozente geeicht. Eine Spindel kann man aber auch leicht selbst herstellen und eichen.

1. Das Rundholz an seinem unteren Ende auf eine Länge von 2,5 bis 3 Zentimeter mit Draht umwickeln, damit sich die Spindel in der Würze senkrecht hält.
2. Das Balsaholz vorsichtig in der Mitte des 1 x 1 Zentimeter großen Quadrats mit einem Holzbohrer durchbohren. Der Lochdurchmesser muss dem Rundholzdurchmesser genau entsprechen, damit ein fester Sitz möglich ist.
3. Das durchbohrte Balsaholz als Schwimmer bis zum oberen Drahtende auf das Rundholz schieben und mit etwas Klebstoff am Rundholz fixieren.
4. Alles zweimal sorgfältig lackieren und sehr gut trocknen lassen.
5. Die Spindel senkrecht in ein hohes Glas mit 20 °C warmem Wasser stellen, ohne dass sie den Boden berührt. Andernfalls etwas Draht abwickeln oder ergänzen und an dieser Stelle nachlackieren.
6. Zum Eichen das Rundholz mit einem Kugelschreiber an der Stelle markieren, an der es aus dem Wasser herausragt. Dieser Wert entspricht 0 Prozent. Anschließend auf die gleiche Weise eine Markierung der Bierwürzespindel in einer zehnprozentigen Zuckerlösung vornehmen, die ebenfalls eine Temperatur von 20 °C haben muss.
7. Hierzu 110 Gramm Zucker in einem Liter Wasser auflösen. In dieser Lösung steht die Bierspindel weiter heraus als im Wasserglas, weil das spezifische Gewicht höher als normales Wasser ist. Der auf diese Weise markierte Wert entspricht zehn Prozent.
8. Zuletzt die Werte zwischen 0 und 10 Prozent und von 10 bis 20 Prozent mit einem Millimetermaß linear übertragen.

1 Umwickeln Sie das Rundholz an seinem unteren Ende mit Draht.

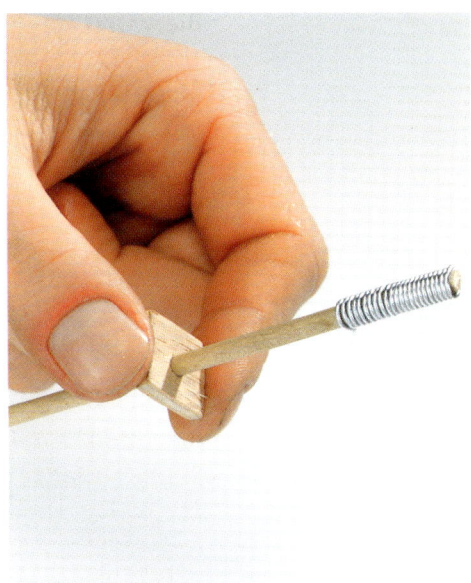

2 Schieben Sie das durchbohrte Balsaholz auf das Rundholz und fixieren Sie es mit Klebstoff.

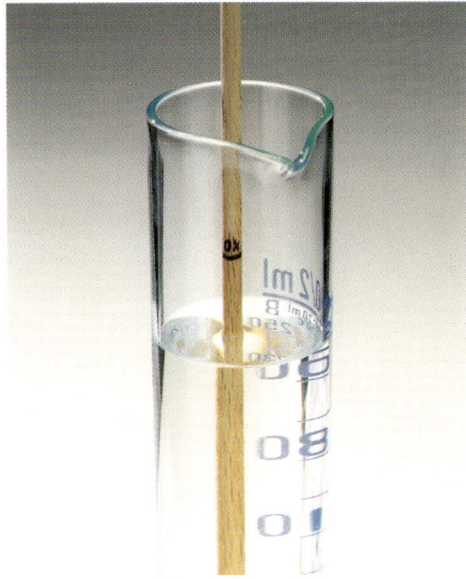

3 Eichen Sie Ihre Bierwürzespindel wie in den Schritten 6 und 7 beschrieben.

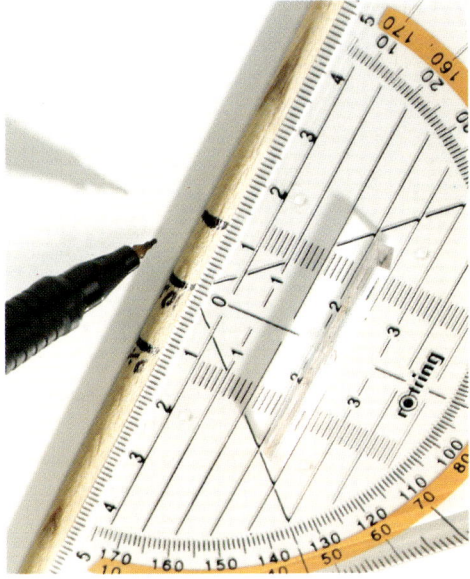

4 Übertragen Sie die Werte zwischen 0 und 20 Prozent linear mit einem Millimetermaß.

Läuterbottich und Maischefilter

Für das Abläutern der Maische wird ein Läuterbottich mit einem Filtereinsatz benötigt. Beim Abläutern kommt es darauf an, dass die Würze klar und nicht zu langsam durch den Filter abläuft. Für Hobbybrauer bietet der Fachhandel bisher leider noch keinen geeigneten Bottich an, so dass Sie in diesem Fall auf Selbsthilfe angewiesen sind. Einen Läuterbottich können Sie sich aber ohne großen Aufwand ebenfalls leicht selbst bauen. Dafür gibt es verschiedene einfache Möglichkeiten.

PVC
Sowohl beim gekauften als auch beim selbst gebauten Kunststoffgefäß sollten Sie darauf achten, dass es lebensmittelecht ist – Werkstoffe aus Polyvinylchlorid (PVC) erfüllen diese Anforderung oft nicht.

Läuterbottich selbst bauen

Materialbedarf für einen Läuterbottich:

- 2 gleiche Polyethylen-Plastikeimer von 15 oder 20 Liter Fassungsvermögen, oval oder rund
- 1 Kunststoff-Abflusshahn (Aquarienhandel oder Baumarkt)
- 2 Überwurfmuttern oder 1 kleine Packung Zweikomponenten-Kunststoffkleber

1. Den Boden des ersten Eimers mit einem Bohrer von 1 bis 1,5 Millimeter Durchmesser durchbohren. Dabei je Quadratzentimeter ein bis zwei Löcher bohren.
2. In die seitliche Außenwand des zweiten Eimers zehn Millimeter über dem inneren Boden ein Loch bohren, wobei der Durchmesser exakt dem Stutzen des Abflusshahns entsprechen muss.
3. Den Abflusshahn entweder mit den Überwurfmuttern am Bohrloch befestigen und abdichten oder mit Kunststoffkleber einkleben und gut trocknen lassen.
4. Zum Schluss den ersten, als Filter dienenden Eimer in den zweiten Eimer schieben.

Wurde das Braumalz korrekt, also nicht zu fein geschrotet, reicht dieser Läuterbottich völlig aus. Vor allem, wenn Sie häufiger Bier brauen, werden Sie diesem praktischen Läuterbottich gegenüber den beiden folgenden Möglichkeiten zum Maischefiltern den Vorzug geben.

Maischefilter – zweite Möglichkeit

Eine zweite Alternative zum Abläutern ist ein möglichst großes Küchen- oder Gemüsesieb, das den gesamten Malztreber aufnehmen und vom Durchmesser her auf den Würzekochtopf aufgesetzt werden kann. Da die Löcher dieser Siebe zum Abläutern in der Regel zu groß sind, um die Würze klar genug ablaufen zu lassen, muss in das Sieb eine Baumwollwindel eingelegt und mit Klammern am Rand befestigt werden.

Maischefilter – dritte Möglichkeit

Zum Schluss noch eine dritte Möglichkeit zum Abläutern (siehe Abbildung). Sie stellen einen Stuhl oder Hocker mit den Beinen nach oben auf den Tisch. Die Stuhlbeine werden etwa drei Zentimeter unterhalb des Stuhlbeinendes mit Schnur umwickelt, so dass ein Schnurviereck um die Stuhlbeine entsteht. Darauf legen Sie zwei Baumwollwindeln, die an den Stuhlbeinen mit Schnur und an den Seiten des Schnurvierecks mit Wäscheklammern befestigt werden. Unter diesen Filter stellen Sie einen etwa zehn Liter fassenden Topf oder Eimer, dessen Durchmesser den Innenabstand der Stuhlbeine nicht überschreiten darf.

EINFACHER MAISCHEFILTER
Für einen einfachen Maischefilter genügen ein Stuhl, etwas Schnur, zwei Windeln, Wäscheklammern und ein Eimer.

Die Version, einen Maischefilter mit einem Stuhl, zwei Baumwollwindeln und einem Eimer zu bauen, geht schnell und ist sehr effektiv.

Würzesiebbeutel

Zum Ausschlagen (zweites Filtern) der Würze (siehe Seite 88) benötigen Sie einen speziellen Würzesiebbeutel aus sehr feinem Gewebe (Maschenweite etwa 0,2 Mikrometer), das auch feinste Heißtrub-Partikel zurückhält. Sie können ihn zusammen mit einem passenden Trichter, den man sehr praktisch direkt auf den Gärbehälter stellen kann, im Fachhandel für Hobbybrauer erhalten (siehe Bezugsquellen Seite 154). Alternativ können Sie aber auch ein Gemüsesieb nehmen, das auf die Öffnung des Gärgefäßes passt. In diesem Fall benötigen Sie außerdem eine saubere Baumwollwindel, die, gefaltet in das Sieb gelegt, als Filter dient.

Gärgefäß

Gärgefäße aus Glas oder Edelstahl sind sicherlich am besten geeignet, aber leider auch recht teuer. Gärfässer aus Kunststoff sind dagegen erheblich preiswerter und werden vom Hobbybrauer-Fachhandel in verschiedenen Größen angeboten (siehe Bezugsquellen Seite 154). Diese Fässer sollten für 10 bis 20 Liter Bier ein Fassungsvermögen von etwa 30 Liter haben. Weiter sollen sie über eine große, mit einem Deckel verschließbare Öffnung zum bequemen Reinigen verfügen sowie mit stabilen Tragegriffen und einem Ablaufhahn versehen sein. Sind Ihnen diese Fässer zu kostspielig, können Sie das Gärgefäß auch selbst bauen.

GÄRGEFÄSSE AUS GLAS
Gärgefäße aus Glas oder Edelstahl sind zwar am besten geeignet, dafür aber auch besonders teuer.

Gärgefäß selbst bauen

Materialbedarf für ein Gärgefäß:
- 1 Polyethylen-Plastikkanister (30 Liter), möglichst weiß, mit einem breiten Verschluss
- 1 Kunststoff-Ablaufhahn (Aquarien- oder Bauhandel)
- 2 Überwurfmuttern oder 1 Zweikomponenten-Kunststoffkleber und etwas Schleifpapier

1. Etwa 1 Zentimeter über dem inneren Boden des Kanisters ein Loch bohren, wobei der Durchmesser dem Stutzen des Ablaufhahns entsprechen muss.

Mit einem Plastik-kanister, einem Kunst-stoff-Ablaufhahn, etwas Kunststoffkleber und Schleifpapier kön-nen Sie leicht ein Gär-gefäß (links im Bild) bauen.

2. Den Ablaufhahn entweder mit zwei Überwurfmuttern am Bohrloch befestigen und abdichten oder mit dem Kunststoffkleber wasserdicht einkleben. Vor dem Kleben die zu verbindenden Flächen mit Schleifpapier etwas an-rauhen.

Bierflaschen

Starker Lichteinfluss bewirkt im Bier einen unangenehmen Geschmack. Gut geeignet sind deshalb Grünglas- oder noch besser Braunglasflaschen, die einen guten Licht-schutz bieten. Außerdem sollten die Bierflaschen einen druckfesten Bügelverschluss haben. Die teilweise von den Brauereien genutzten 0,3- oder 0,5-Liter-Pfandflaschen mit Bügelverschluss sind zwar für den Hobbybrauer geeignet, erfordern erfahrungsgemäß jedoch sehr viel Zeit beim Rei-nigen, Sterilisieren und Abfüllen. Aus diesem Grund soll-ten Sie den kleinen finanziellen Aufwand nicht scheuen und sich mehrere Bügelverschluss-Bierflaschen mit einem Liter Inhalt zulegen (erhältlich im Hobbybrauer-Fachhan-del, siehe Bezugsquellen Seite 154). Weiter sollten Sie sich noch einige Ersatz-Gummidichtungen besorgen, weil die alten Gummiringe mit der Zeit morsch werden.

ALTDEUTSCHE BIERKRÜGE
Ideal, aber auch wesentlich teurer sind die zwei oder fünf Liter fassenden Bierflaschen in alter Form (Altdeutscher Bierkrug) mit Henkel und Porzellan-Bügel-verschluss.

Der Brau-vorgang

erfordert Zeit und Geduld. Doch zum Lohn aller Mühen schäumt frisches, selbst gebrautes Bier ins Glas.

Die acht Phasen der Bierherstellung

Die Bierherstellung lässt sich in acht aufeinander folgende Phasen gliedern, wobei jede Phase mehrere Arbeitsschritte beinhaltet, die nachfolgend genau erläutert werden. Mit Hilfe dieser Grundkenntnisse können Sie sich ohne weiteres an die Bierrezepturen ab Seite 106 wagen und nach deren Angaben Ihr eigenes Bier brauen. Erleichtert wird Ihnen die Arbeit während des Brauvorgangs, wenn Sie das Plakat mit den acht Brauphasen am Ende des Buches gut sichtbar aufhängen. Auf diese Weise haben Sie stets die Vorgaben des Rezepts und die einzelnen Schritte, die zu unternehmen sind, im Blick.

Diese Vorgehensweise empfiehlt sich ganz besonders für den Anfang, solange Sie noch kein so routinierter Bierbrauer sind. Haben Sie dann schon das eine oder andere Bierrezept ausprobiert, bietet es sich an, Ihre Erfahrungen in einem kleinen Brauprotokoll festzuhalten (siehe Seite 150), damit Sie immer wieder auf diese zurückgreifen und mit anderen vergleichen können.

Bevor Sie nun mit dem Bierbrauen beginnen, verschaffen Sie sich am besten zuerst einmal einen Überblick darüber, welche Einzelschritte schließlich zum fertigen Getränk führen, und wie viel Zeit Sie grob dafür einplanen sollten. Diese acht Phasen der Bierherstellung sind als zusammenfassende Beschreibung für alle in diesem Buch vorgeschlagenen Bierrezepte zu verstehen. Sie tauchen auch bei den später gezeigten Rezepten als Schritt-für-Schritt-Brauanleitung wieder auf und vereinfachen damit den Arbeitsablauf.

Noch ein Rat: Beim ersten Brauversuch sollten Sie sich einen vollen Tag Zeit nehmen – am besten zusammen mit einem Freund oder einer Freundin, da für manche Arbeitsgänge vier Hände besser sind als zwei.

BRAUPROTOKOLL
Ein Brauprotokoll ist eine gute Hilfe, um eigene Erfahrungen und Rezeptvarianten beim Bierbrauen zu notieren (siehe Seite 150).

Die Schritt-für-Schritt-Brauanleitung

Phase 1: Vorbereitungen (0,5–2 Stunden)	1. Eventuell 1–2 Tage vor Braubeginn mind. 20 l Wasser enthärten. 2. Braumalz gleichmäßig grob schroten. 3. Alle Geräte reinigen. 4. Trocken- bzw. Flüssighefe ansetzen.
Phase 2: Maischen (2–3 Stunden)	1. Zum Einmaischen je nach Rezept 7–10 l Brauwasser als Hauptguss auf 35–50 °C erhitzen und das Malzschrot (Richtmenge der Schüttung je nach Rezept 2–3 kg) ca. 20 Minuten einrühren. 2. Für die Eiweißrast die Temperatur unter häufigem Rühren schrittweise um 1 °C je Minute auf 47–55 °C erhöhen und 10–30 Minuten lang konstant halten, dabei gelegentlich umrühren. 3. Für die Maltoserast die Temperatur unter ständigem Rühren schrittweise um 1 °C je Minute auf 64–65 °C erhitzen und 30–60 Minuten konstant halten, dabei gelegentlich umrühren. 4. Für die Verzuckerungsrast die Temperatur unter ständigem Rühren schrittweise um 1 °C je Minute auf 71–75 °C erhöhen und 30–60 Minuten konstant halten, dabei gelegentlich umrühren. 5. Die Jodprobe durchführen. 6. Je nach Rezept die Maische noch einmal auf 75–78 °C erhitzen und die Temperatur unter Rühren 10–30 Minuten konstant halten.
Phase 3: Abläutern (erstes Filtern, 1,5–2 Stunden)	1. 10 l Brauwasser für den Nachguss auf 80 °C erhitzen. 2. Die Würze oder wahlweise zuerst die Maische in den Läuterbottich oder Filter geben. 3. Die abgeläuterte, klare Würze in den ausgespülten Brautopf zurückgeben und auf Kochtemperatur erhitzen. 4. Je nach Rezept 6–10 l Brauwasser (78 °C) als Nachguss nach und nach über die Maische im Läuterbottich oder Filter gießen. 5. Die so gewonnene Würze ebenfalls in den Brautopf geben. 6. Mit der Bierspindel den Würzgehalt prüfen und ggf. Brauwasser zum Verdünnen nachgießen, sofern der Würzgehalt den im Rezept angegebenen Extraktgehalt übersteigt.
Phase 4: Würze kochen und Hopfen- zugabe (1–1,5 Stunden)	1. Die Würze auf großer Flamme erhitzen und 60–100 Minuten (max. 2 Stunden.) sprudelnd kochen. Kurz vor Ende der Kochzeit ggf. die Zuckercouleur zufügen. 2. Würzmenge abmessen (Markierung am Braulöffel). 3. 10 Minuten nach Kochbeginn den Hopfen zugeben.

Die Schritt-für-Schritt-Brauanleitung

	4. Würzmenge erneut abmessen und den verdampften Wasseranteil ersetzen. 5. Mit der Bierspindel den Stammwürzegehalt messen (je nach Rezept sollten 11–17 % Extraktgehalt ausgewiesen werden).
Phase 5: Ausschlagen (zweites Filtern, 0,5 Stunden)	1. Von nun an steril arbeiten! 2. Den Brautopf vom Herd nehmen und die Würze einige Minuten im kalten Wasserbad ruhen lassen. 3. Die Würze durch den Würzesiebbeutel mit Trichter oder Sieb in den Gärbehälter filtern.
Phase 6: Abkühlen (0,5–2 Stunden)	1. Den Gärbehälter abdecken und in ein kaltes Wasserbad zum Kühlen stellen; das Wasser hin und wieder erneuern und ggf. Eiswürfel zugeben. 2. Zur Belüftung die Würze während der Kühlung öfter umrühren.
Phase 7: Hauptgärung (3–10 Tage)	1. Nach Erreichen der Gärtemperatur die vorbereitete Hefelösung zugeben und die Würze gut umrühren (belüften). 2. Den Gärbehälter mit dem Deckel und einer passenden Gärglocke bzw. einem Gärröhrchen verschließen. 3. Für die Hauptgärung den Gärbehälter an einen Platz mit konstanter Temperatur stellen. 4. Die braunen Hefeflecken auf dem Gärschaum täglich mit einem Löffel abnehmen. 5. Sobald die Gärung angekommen ist (Schaumbildung), eine Schnellvergärungsprobe zur Bestimmung des Abfüllzeitpunkts durchführen. 6. Mit der Bierspindel den Extraktgehalt prüfen; sobald der Extraktgehalt 0,3% über der Schnellvergärungsprobe liegt, ist die Hauptgärung abgeschlossen. 7. Den Gärschaum mit der Schaumkelle entfernen.
Phase 8: Nachgärung und Klärung (3–12 Wochen)	1. Das Bier aus dem Gärbehälter mittels eines Schlauches in sterilisierte Bierflaschen umfüllen und diese 3–5 Tage abgedunkelt stehen lassen (Temperatur entsprechend der Hauptgärung). 2. Das Bier zur Nachgärung dunkel und an einem ruhigen Platz bei konstanter Temperatur (obergäriges Bier bei 10–12 °C, untergäriges Bier bei 0–2 °C) 3–12 Wochen lagern.

Phase 1: Vorbereitungen

Zu den Vorbereitungen gehören folgende Arbeitsschritte:
- Enthärten des Brauwassers
- Schroten der erforderlichen Malzmenge
- Reinigen der Geräte
- Ansetzen der Brauhefe.

Wasser enthärten

FÜR DEN ANFANG

Die in diesem Buch vorgeschlagenen Rezepte beziehen sich auf eine fertige Biermenge von rund 10 Liter. Beim ersten Brauversuch sollten Sie unbedingt zunächst einmal mit 10 Liter Bier anfangen, um entsprechende Erfahrungen etwa mit der Hitzezufuhr der Kochstelle, der Trebermenge beim Abläutern usw. zu sammeln.

Ein oder zwei Tage vor dem Brautag werden, falls erforderlich, nach einem der ab Seite 52 beschriebenen Verfahren 20 Liter Wasser enthärtet. Empfehlenswert ist eine Enthärtung durch 30-minütiges Abkochen und/oder – je nach Wasserhärte – die Zugabe von Braugips.

Malz schroten

Am Brautag wird das Malz geschrotet (siehe Seite 57), damit beim späteren Maischen die Enzyme die im Malz enthaltene Stärke optimal in Zucker umwandeln können. Entscheidend ist, dass die Körner gleichmäßig grob geschrotet werden, denn sowohl zu schwaches als auch zu starkes Schroten hat große Nachteile: Sind die Malzkörner noch zu groß, führt dies zu einer schlechten Extraktgewinnung beim Maischen. Werden sie dagegen zu fein oder gar zu Mehl gemahlen, entsteht im Bier eine nicht zu beseitigende Trübung. Die Spelzen (Getreidekornhülsen) des Gerstenmalzes sollten beim Schroten möglichst wenig zerkleinert werden, weil sich das übermäßige Auslaugen der Hülsen beim Maischen nachteilig auf den Biergeschmack auswirkt; außerdem können Probleme beim Abläutern entstehen, weil die Würze nicht schnell und klar genug abfließt.

Wird das Malz nicht in einer speziellen Malzschrotmühle, sondern in der elektrischen Küchenmaschine geschrotet, darf es sich nicht zu stark erwärmen, sonst können die hitzeempfindlichen Enzyme geschädigt werden. Sie sollten beim Schroten also immer wieder Pausen einlegen und die Maschine abkühlen lassen.

Wenn Ihnen das Schroten zu problematisch erscheint oder zu zeitaufwendig ist, sollten Sie sich fertig geschrotetes Braumalz besorgen. Es ist nur unwesentlich teurer als die Malzkörner und bleibt luftdicht verpackt und trocken sowie kühl gelagert mindestens ein halbes Jahr haltbar.

Geräte reinigen

Anschließend werden alle zum Bierbrauen benötigten Geräte mit kochend heißem Wasser und ohne Zugabe von Spülmittel gründlich gereinigt.

Hefe aktivieren

Als Nächstes wird die Trockenhefe aktiviert. Dadurch wird sie gelöst, kann quellen und sich bereits vermehren, das heißt, der Gehalt an aktiven Hefezellen wird erhöht und die spätere Angärung beschleunigt.

Dafür wird die Trockenhefe in einer großen, sterilisierten Tasse mit abgekochtem, etwa 20 °C warmem Wasser sowie einem Teelöffel Zucker verrührt, mit einer Untertasse abgedeckt und bei Zimmertemperatur stehen gelassen. Nach ein bis drei Stunden lässt sich anhand der Bläschen- und Schaumbildung erkennen, dass die Hefezellen arbeiten. Sollte dies einmal nicht der Fall sein, müssen Sie einen neuen Hefeansatz aktivieren. Daher ist es ratsam, sich einen kleinen Vorrat der preiswerten und lange lagerfähigen Trockenhefe anzulegen.

HEFEZUGABE

Die Menge der jeweils benötigten Trocken- bzw. Flüssighefe ist in dem jeweiligen Bierrezept (ab Seite 106) angegeben.

Tipp für den Hobbybrauer

Wenn Sie – wie in einigen Rezepten angegeben – mit vakuumverpackter Flüssighefe arbeiten, müssen Sie diese bereits drei bis sechs Tage vor dem Brauen laut Vorgabe des Herstellers mit einer Nährlösung ansetzen, damit sie ausreichend angären kann.

Phase 2: Maischen

Das Vermischen von Malzschrot und Wasser wird als »Maischen« bezeichnet. Es gibt verschiedene Maischverfahren und unzählige Variationen, von denen einige recht zeitaufwändig sind, weil man dabei Teile der Maische mehrfach trennt, separat erhitzt und der Gesamtmaische wieder beimengt. Diese komplizierten Dekoktions- bzw. Zwei- oder Dreimaischeverfahren dauern bis zu vier Stunden. Für die meisten Biersorten reicht jedoch ein einfacheres Verfahren völlig aus – das so genannte »aufsteigende Infusionsverfahren«. Es ist für das Bierbrauen zu Hause optimal, da sich damit sowohl hervorragende obergärige als auch sehr gute untergärige Biere herstellen lassen.

ZEITAUFWAND
Für die Phase des Maischens, bei dem das Malz mit dem Brauwasser erhitzt wird, benötigen Sie je nach Rezept zwei bis drei Stunden.

Das Malzschrot wird beim Einmaischen und bei den weiteren Schritten des Maischens in Wasser erwärmt und angeteigt, um möglichst viel von seinen wirksamen, schwer löslichen Bestandteilen als Extrakt in die Würze zu überführen. Um eine optimale Ausbeute zu erzielen, ist eine genauere Kenntnis über die Wirkung der Enzyme hilfreich, um das Maischen entsprechend steuern zu können.

Im Stärkekorn des Malzes eingelagert ist die Malzstärke, die aus zwei strukturell verschiedenen Kohlenhydraten besteht: der Amylose und dem Amylopektin. Beim Maischen löst sich die Amylose in reine Stärke, aus dem Amylopektin dagegen entsteht Stärkekleister. Außerdem werden die bereits beim Mälzen gebildeten Enzyme beim Maischen bei bestimmten Temperaturen freigesetzt. Dabei sorgen besonders die amylolytischen Enzyme (Alpha- und Beta-Amylase) dafür, dass unvergärbare Stärke und Stärkekleister in verschiedene Zuckerarten (Saccharide) umgewandelt werden. Bei diesem enzymatischen Abbau wird hauptsächlich vergärbarer Malzzucker (Maltose) gebildet. Die verschiedenen Enzyme arbeiten bei Temperaturen zwischen 35 und 76 °C am besten. Ist es dagegen wärmer, lässt ihre Aktivität nach, oder sie werden zerstört.

Hauptguss und Schüttung

Die für einen Sud benötigte Malzschrotmenge heißt »Schüttung«, die dafür erforderliche Menge Brauwasser »Guss«. Der Guss unterteilt sich in »Hauptguss« und »Nachguss«, die Verteilung zwischen Haupt- und Nachguss wird als »Gussführung«, bezeichnet. Die beim Maischen gewonnene Extraktlösung nennt man »Vorderwürze«.

Die Menge der Schüttung beträgt je nach Rezept (siehe Seite 106ff.) zwei bis drei Kilogramm, wobei eine absolut exakte Angabe der Dosierung kaum möglich ist, weil die Eigenschaften des Braumalzes, wie bei jedem Naturprodukt, von vielen Einflüssen abhängen. So ist die Qualität der Gerste je nach Standort, Bodentyp, Düngung, Klima, Aussaat- und Erntezeit nie völlig gleich und kann darum auch zu verschiedenen Maische- bzw. Bierqualitäten führen.

Die Menge des zum Einmaischen benötigten Hauptgusses richtet sich nach folgender Formel: Pro Kilogramm Malzschrot benötigen Sie drei bis fünf Liter Brauwasser. Bei dunklen Bieren (Malz) gilt die untere Grenze (3 bis 3,5 Liter/ Kilogramm), bei hellen Bieren (Malz) die obere Grenze (vier bis fünf Liter/Kilogramm). Für den Nachguss – er soll später die in den Malztrebern nach dem Maischen und dem Abläutern der Vorderwürze enthaltenen Extraktreste auslaugen (siehe Abläutern, Seite 79) – benötigen Sie weitere sechs bis zehn Liter Brauwasser.

MALZMENGE
Da die Qualität des Ausgangsproduktes – der Gerste – stark variiert, lässt sich die Malzmenge nur ungefähr angeben.

Tipp für den Hobbybrauer

Wenn Sie mit nicht oder nicht ausreichend enthärtetem Brauwasser arbeiten, sollten Sie zur Absenkung des pH-Wertes (siehe Seite 53) der Malzschüttung drei bis sechs Prozent Sauermalz zugeben (erhältlich im Hobbybrauer-Fachhandel, siehe Bezugsquellen Seite 154). Diese Beigabe führt zu ähnlichen Vorteilen wie die Enthärtung des Brauwassers und entspricht dem Reinheitsgebot. Sauermalz wird mit Hilfe der im Malz vorkommenden Milchsäurebakterien gewonnen und verbessert die Wirkung der hydrolytischen Enzyme.

Einmaischen

Zum Einmaischen werden zunächst sieben bis zehn Liter Brauwasser, der Hauptguss, in einem großen Kochtopf oder besser noch in einem speziellen Brautopf bzw. Sudkessel (erhältlich im Hobbybrauer-Fachhandel, siehe Bezugsquellen Seite 154) erhitzt und das Malzschrot etwa 20 Minuten lang mit einem langen Bierlöffel gründlich eingerührt. Das Rühren während des gesamten Maischevorgangs ist wichtig, um die Bildung von Klumpen oder das Anbrennen des Malzes zu verhindern und um eine gleichmäßige Wärmeverteilung in dem dickflüssigen Brei zu erreichen.

UMRÜHREN
Sie sollten während des Maischens ständig umrühren, damit der Brei weder klumpt noch anbrennt und sich gleichmäßig erhitzt.

Die Einmaischtemperatur für die in diesem Buch vorgeschlagenen Rezepte (siehe Seite 106) liegt zwischen 35 und 50 °C. Die Temperatur des Hauptgusses beim Erhitzen sollte je nach Menge der Schüttung um 5 bis 10 °C über der Einmaischtemperatur liegen, weil das kalte Malzschrot die Temperatur des Wassers beim Einschütten um einige Grad absenkt. Während des Maischens sollten Sie außerdem stets etwas heißes und kaltes Brauwasser zur Hand haben, um Temperaturschwankungen der Maische möglichst schnell ausgleichen zu können, denn in diesem Stadium sind bereits verschiedene Enzyme aktiv. So baut etwa das Enzym Maltase bei 35 bis 40 °C die bereits vorliegende Maltose zu Monosacchariden ab.

Beim Einmaischen wir das Malzschrot etwa 20 Minuten lang mit einem Bierkochlöffel eingerührt.

Nach dem Einmaischen durchläuft die Maische drei wichtige Phasen – die Eiweißrast, die Maltoserast sowie die erste und, nach Durchführung der Jodprobe die zweite Verzuckerungsrast –, bei denen es darum geht, die gewünschte Zusammensetzung des späteren Bierextrakts zu erreichen. Dies geschieht durch exakt einzuhaltende Rasttemperaturen und -zeiten, die für die optimale Wirkung der Hauptenzymgruppen von großer Bedeutung sind. Unter »Rast« ist deshalb beim Maischen auch keine Ruhezeit, sondern ein biochemischer Prozess zu verstehen.

Digerieren

Für die ersten Brauversuche kommt noch ein weiteres Einmaischverfahren in Frage, das Digerieren. Es hat den Vorteil, dass dabei der recht zeitaufwändige Brauvorgang auf zwei Tage verteilt werden kann, das heißt, Sie können mit allen Vorbereitungen und dem Einmischen am Nachmittag oder Abend beginnen und das Brauverfahren am nächsten Tag fortsetzen.

Beim Digerieren wird die gleiche Menge Brauwasser nicht erhitzt, sondern das Malzschrot darin über Nacht eingeweicht. Auf diese Weise können bereits viele Malzbestandteile aufweichen, der Zucker gelöst und die spätere Wirkung der Enzyme intensiviert werden. Auch die Rastzeiten beim Maischen werden dadurch etwas verkürzt, und die spätere Extraktausbeute wird um ein bis zwei Prozent verbessert. Das Digerieren kann aber auch Nachteile haben: Bei hellen Bieren führt es mitunter zu geschmacklichen Beeinträchtigungen, und auch die Schaumhaltigkeit kann ungünstig beeinflusst werden.

Die Vormaischtemperatur sollte beim Digerieren während der gesamten Zeit deutlich unter 18 ˚C bleiben, damit die Maische nicht durch Kleinstlebewesen oder durch eine Säuerung geschädigt und damit unbrauchbar wird. Die Maische sollte also über Nacht in einem kühlen Raum stehen. Am nächsten Tag erst beginnt dann das eigentliche Sudverfahren, das mit der Eiweißrast beginnt.

EINWEICHEN ÜBER NACHT

Beim Digerieren wird der lange Brauvorgang auf zwei Tage verteilt. Bei diesem Verfahren verkürzen sich außerdem die Rastzeiten etwas.

Eiweißrast

Während der ersten Phase – sie wird Eiweißrast oder Protease genannt –, werden die löslichen Stickstoffsubstanzen, nämlich die komplexen größeren Eiweißstoffe (Proteine) und Eiweißabbauprodukte des Malzes, mit Hilfe der proteolytischen Enzyme in sehr kleine Eiweißmoleküle aufgespalten. Die Eiweißrast ist wichtig für die Klärung und Vollmundigkeit, besonders aber für die Schaumstabilität und das Kohlensäurebindungsvermögen des späteren Biers. Der Eiweißabbau hängt ab vom Enzymgehalt des Malzes und wird durch eine bestimmte Wärmezufuhr sowie die daran anschließende Temperatur und deren Einwirkungsdauer bestimmt. Er darf weder zu knapp (Folge: ungenügende Ernährung der Hefe bei der späteren Gärung), noch zu weitgehend bemessen sein (Folge: schlechte Schaumhaltigkeit des Biers).

**EIWEISS-
SPALTUNG**
Bei der Eiweißrast werden die großen Eiweißmoleküle des Malzes in kleine Bausteine aufgespalten.

Für die Eiweißrast wird die Maische pro Minute unter häufigem Rühren kontinuierlich um 1 °C erwärmt und die Temperatur je nach Rezept bei 47 bis 55 °C für 10 bis 30 Minuten konstant gehalten. Dabei muss die Maische häufig gerührt und immer wieder mit dem Thermometer kontrolliert werden: Steigt die Temperatur auf 60 °C an, müssen Sie den Topf sofort von der Flamme nehmen, da sonst die Enzyme zerstört werden. Notfalls kann aber auch etwas kaltes Brauwasser zugefügt werden, das zu diesem Zweck immer bereit stehen sollte.

Während der ersten Eiweißrast werden bereits verschiedene Zucker gebildet. So erreicht das Enzym Saccharase bei einer Temperatur von 50 °C sein Optimum, ist aber auch noch bei 62 bis 67 °C wirksam, und spaltet das Disaccharid Saccharose in die Monosaccharide Glukose und Fruktose. Bei einem Temperaturoptimum von 55 bis 60 °C entwickelt sich das Enzym Grenzdextrinase zur Auflösung der hochmolekularen Grenzdextrine. Es wird erst über 65 °C zerstört und wirkt damit in die Maltoserast, die nächste Maischphase, hinein.

Maltoserast

Während der zweiten Phase, der Maltoserast oder Beta-Amylase, werden die Stärkemoleküle von Amylase und Amylopektin mit Hilfe der im Malz vorhandenen Beta-Amylase-Enzyme in vergärbaren Zucker umgewandelt. Dabei bilden sich u. a. das Disaccharid Maltose (Malzzucker) sowie einige niedere Dextrine. Die Maltoserast ist ein für die spätere Vergärbarkeit des Biers und damit für die spätere Alkoholbildung wichtiger Abschnitt des Brauvorgangs, weil im Bereich zwischen 60 und 65 °C die höchste Zuckermenge während des Maischens gebildet wird. Eine längere Maltoserast erzeugt demnach eine maltosereichere Würze mit leichter vergärbaren großen Zuckermolekülen; wird diese Rast verkürzt, erhält man weniger vergärbare Maltose und mehr Dextrine, die das Bier vollmundiger machen.

Bei der Maltoserast wird die Temperatur schrittweise um 1 °C je Minute auf 64 bis 65 °C erhöht, wobei die Maische jetzt ständig gerührt werden muss. Danach soll sie je nach Rezept 30 bis 60 Minuten konstant bei dieser Temperatur gehalten und ab und zu umgerührt werden. Auch hier kommt es auf die genaue Kontrolle der Temperatur an, die immer wieder mit dem Thermometer überprüft werden muss. Steigt sie auf über 65 °C an, werden die Enzyme geschädigt und bei 70 °C inaktivert, das heißt, es kann keine weitere Stärke mehr in Zucker umgewandelt werden.

ZUCKERBILDUNG
Während der Maltoserast wird die im Malzschrot enthaltene Stärke in Zucker umgewandelt – die so genannte Maltose.

Erste Verzuckerungsrast

In der dritten Maischphase, der Verzuckerungsrast oder Alpha-Amylase, werden die Amylopektinmoleküle der Malzstärke mit Hilfe der Alpha-Amylase-Enzyme aufgespalten und in der Würze verflüssigt. Dabei bilden sich hauptsächlich niedere Dextrine, von denen jedoch nur 20 Prozent vergärbar sind, sowie Oligosaccharide und – bei längerer Rast – auch noch Maltose und Glukose. Das Verhältnis von Maltose und Dextrinen regelt die spätere Vergärbarkeit, die Alkoholbildung der Würze.

In dieser Phase wird die Temperatur unter ständigem Rühren pro Minute kontinuierlich um 1 °C auf 71 °C bis 75 °C erhöht, wobei die Maische bei dieser möglichst konstant einzuhaltenden Temperatur je nach Rezept 30 bis 60 Minuten gehalten und dabei ab und zu umgerührt werden soll. Bei Temperaturen über 75 °C wird das Alpha-Amylase-Enzym bereits geschädigt, ab 80 °C zerstört.

Jodprobe

Nach der ersten Verzuckerungsrast sollen in der Würze keine Stärken und keine komplexen Dextrine mehr vorhanden sein, die später die Gärung stören sowie im Bier zu Trübungen führen würden. Zur Kontrolle des Verzuckerungsgrades wird deshalb die Jodprobe durchgeführt. Dabei lässt sich feststellen, ob die gesamte Stärke in Zucker umgewandelt wurde oder ob noch Stärke vorhanden ist, wobei jedoch nicht zwischen vergärbarem und nicht vergärbarem Zucker unterschieden wird. Die Jodlösung (einpozentige Kaliumjoditlösung) erhalten Sie im Hobbybrauer-Fachhandel (siehe Bezugsquellen Seite 154). Für die Jodprobe geben Sie einen Teelöffel Würze auf eine weiße Untertasse und fügen nach kurzer Abkühlung ein bis drei Tropfen Jodlösung zu. Wenn sich die Probe blau oder rot färbt, muss noch mehr Stärke in Zucker umgewandelt und somit die Verzuckerungsrast um weitere zehn Minuten bei 73 °C verlängert werden. Danach wird eine zweite Jodprobe gemacht: Erst wenn sich die Probe braunrot oder im günstigsten Fall gelb färbt, ist die Verzuckerung ausreichend.

GLEICHMÄSSIGES ERHITZEN
Vor allem während des Erhitzens ist es wichtig, ständig umzurühren, damit der Temperaturanstieg in der Maische gleichmäßig verläuft.

Zweite Verzuckerungsrast

Bei einigen Bierrezepten wird die Temperatur jetzt noch einmal auf 75 bis 78 °C erhöht und unter Rühren 10 bis 30 Minuten gehalten, damit sich noch mehr unvergärbare Extrakte bilden können und das Bier vollmundiger wird. Diese zweite Verzuckerungsrast bewirkt zudem, dass die in den Spelzen des Korns enthaltene und beim Maischen noch nicht verzuckerte Reststärke beim folgenden Abläutern besser nachverzuckert werden kann.

Phase 3: Abläutern (erstes Filtern)

»Abläutern« nennt man das Abgießen und Filtern der Dickmaische, d. h. die Trennung der klaren Bierwürze vom Malzschrot, dem »Treber«. Durch das anschließende Aufgießen des Trebers – in der Fachsprache »An-« oder »Überschwänzen« genannt – mit Brauwasser (Nachguss) werden letzte Extraktreste und die noch vergärbaren löslichen Zuckerbestandteile aus den Malzhülsen ausgewaschen und ausgelaugt. Durch den Nachguss wird auch der Extraktgehalt der konzentrierten Würze auf den für die gewünschte Biergattung entsprechenden Würzgehalt verdünnt.

Läuterverfahren

Bereits während der letzten Maischphase – der zweiten Verzuckerungsrast – werden mindestens zehn Liter Brauwasser für den Nachguss auf 78 °C erhitzt und der Läuterbottich (siehe Seite 62) bzw. der Maischefilter (siehe Seite 63) bereitgestellt. Entweder werden nun zuerst die festen Bestandteile der Maische mit einer Schaumkelle in den Läuterbottich oder Filter gegeben und dann die Bierwürze aus dem Brautopf hinterhergegossen oder umgekehrt.

Wenn Sie einen Maischefilter aus Baumwollwindeln verwenden, sollten Sie den Treber zuerst durch ein Gemüse- oder Nudelsieb geben. So werden die groben Bestandteile der Maische zurückgehalten, und die Windel verklebt nicht so schnell, da nur die Flüssigkeit über sie fließt. Wichtig ist in jedem Fall, dass die Würze – man nennt sie jetzt »Vorderwürze« – klar und nicht zu langsam durch den Läuterbottich bzw. den Maischefilter abläuft. Sie wird nun wieder in den Brautopf zurückgegeben, nachdem vorher alle Maischereste aus dem Topf ausgespült wurden. Damit die Vorderwürze nicht weiter abkühlt und um Energie und Zeit zu sparen, wird sie bereits jetzt auf Kochtemperatur erhitzt.

ZEITAUFWAND
Der Vorgang des Abläuterns und Anschwänzens, bei dem die Bierwürze vom Malzschrot getrennt wird, dauert insgesamt eineinhalb bis zwei Stunden.

79

Der Nachguss

Nun wird der 78 °C heiße Nachguss mit einer Schöpfkelle oder mit dem Messbecher langsam über den Treber durch den Läuterbottich bzw. den Maischefilter gegeben. Dabei sollten Sie den Treber ab und zu umrühren bzw. »umgraben«, damit der Filter nicht verstopft und sich möglichst alle Zuckerrückstände herauslösen können. Die gesamte Wassermenge für den Nachguss beträgt etwa 3,5 Liter pro Kilogramm Malzschüttung bei der Verwendung von hellem Malz. Dunkles Malz erfordert ca. vier Liter Nachgusswasser pro Kilogramm Malzschüttung, weil hier die Brauwassermenge (der Hauptguss) beim Einmaischen geringer war.

OPTIMALE AUSBEUTE
Alle hier beschriebenen Vorkehrungen sollen dafür sorgen, dass möglichst viele wichtige Inhaltsstoffe aus dem Treber herausgelöst werden.

Die Nachgüsse werden normalerweise in drei oder mehr Teilmengen aufgebracht, damit die Temperatur der Treber während des gesamten Anschwänzens möglichst immer zwischen mindestens 65 °C und höchstens 78 °C bleibt.

Eine optimale Extraktausbeute erhalten Sie, wenn Sie das Nachgusswasser nicht einfach auf den Treber gießen, sondern mit einer kleinen Gießkanne mit Brauseaufsatz über den Treber sprühen. Auch sollte das Wasser immer erst ablaufen, bevor Sie die nächste Portion auf den Treber geben, damit dieser nicht überschwemmt wird, und die Filtermulde muss stets mit etwas Treber ausgekleidet sein. Der Nachguss sollte außerdem keinesfalls heißer als 78 °C sein, weil sonst unverzuckerte, verkleisterte Stärke ausgewaschen wird, die später im Bier Trübungen hervorruft.

Ein großer Teil des Trebers besteht aus den Spelzen. Wurde das Malz in der richtigen Körnung geschrotet, ohne die Spelzen zu zerstören, sorgen sie jetzt dafür, dass der Treber nicht ständig zusammenklebt und infolgedessen undurchlässig wird. Wurde dagegen zu fein geschrotet, entsteht durch den hohen Mehlanteil reichlich Teig, der die Treber verdichtet und die Poren des Filters verstopft, so dass das Nachgusswasser nur langsam laufen kann. Dabei kühlt es zu sehr ab, was eine Verschlechterung der Maltoselöslichkeit zur Folge hat.

Nach oder auch während des Überschwänzens gießen Sie die verdünnte Vorderwürze ebenfalls in den zum Kochen aufgesetzten Brautopf. Den zurückbleibenden Treber können Sie als Zusatz zum Brotbacken verwenden. Ansonsten ist er ein ausgezeichnetes Futter für Hühner, Schweine, Rinder oder Schafe und auch zum Kompostieren bestens geeignet. Allerdings ist zu bedenken, dass besonders bei konventionell angebauter Gerste oder Weizen Schwermetalle wie Blei und Kadmium über diesen Umweg in die menschliche Nahrungskette gelangen können. Denn beim Treber aus konventionell angebautem Braugetreide finden sich nach mehrjährigen Studien der Gesamthochschule Kassel und der Fachhochschule Fulda bis zu 90 Prozent höhere Gehalte des Krebs fördernden Kadmiums gegenüber dem Treber aus ökologisch angebautem Braugetreide. Hauptursache der Kadmiumbelastung ist der Einsatz von Phosphatdüngemitteln und Klärschlamm durch die Landwirtschaft. Ein Grund mehr also, Braumalz aus kontrolliert ökologischem Anbau zu verwenden.

Würzgehalt prüfen

Die Vorderwürze wird nun mit der Bierspindel (siehe Seite 59) auf ihren Würzgehalt überprüft. Dazu wird ein Messzylinder (250 Milliliter) zu etwa drei Viertel mit Vorderwürze gefüllt und im kalten Wasserbad auf genau 20 °C abgekühlt. Danach stellen Sie die Bierspindel langsam und vorsichtig in den Messzylinder – bei zu frühem Loslassen kann eine fertig gekaufte, aus Glas bestehende Spindel bis auf den Boden des Messzylinders sinken und zerspringen. Sobald die Spindel frei schwimmt, kann der Würzgehalt anhand der Skala auf der Bierspindel abgelesen werden. Der Würzgehalt gibt in Gewichtsprozenten an, wie viel Gramm Zucker und andere Substanzen pro Kilogramm Flüssigkeit gelöst sind. Die in diesem Buch vorgeschlagenen acht Bierrezepte (siehe Seite 106) haben einen Würzgehalt zwischen 10 und 16 Prozent. Ist der Gehalt höher als im Rezept angegeben, sollten Sie noch etwas Brauwasser zum Verdünnen nachgießen. Liegt der Wert darunter, war der Nachguss zu reichlich, und Sie können beim anschließenden Würzekochen etwas mehr Wasser verkochen lassen.

RECYCLING
Der Treber lässt sich auf verschiedene Weise weiterverwerten, besonders wenn Sie biologisch angebautes Getreide verwendet haben.

81

1 *Beim Abläutern (erstes Filtern) wird die Würze durch den Maischefilter gegossen.*

2 *Der 78 °C heiße Nachguss wird mit einer Schöpfkelle langsam über den Treber gegeben.*

3 *Optimal ist, wenn Sie den Nachguss mit einer Gießkanne über den Treber »sprühen«.*

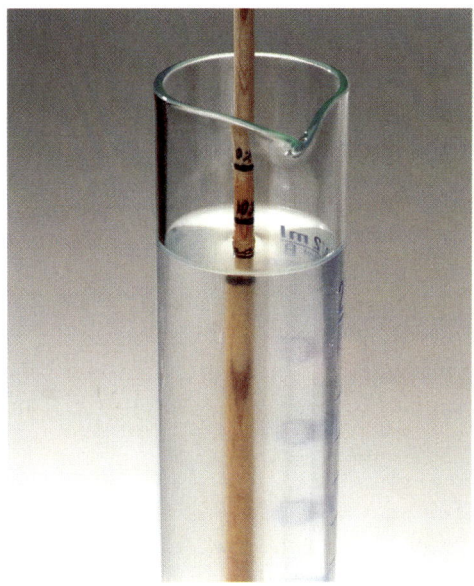

4 *Prüfen Sie die Vorderwürze mit der Bierwürzespindel auf ihren Würzegehalt.*

Phase 4: Würze kochen und Hopfenzugabe

In dieser Phase wird die Würze gekocht, weil dadurch zum einen die Wirksamkeit sämtlicher Enzyme unterbunden wird, das heißt, sie werden – fachlich gesprochen – denaturiert, damit sie das Gleichgewicht der in der Würze bestehenden Zuckerbestandteile (Maltose und Dextrin) nicht mehr beeinträchtigen können. Zum anderen werden die gerinnbaren Eiweißstoffe (»der Bruch«) ausgeschieden (Koagulation) und können nach dem Kochen durch ein sehr feines Gewebe abgefiltert werden. Außerdem wird die Würze durch das Kochen sterilisiert, das heißt, es werden alle Bakterien zerstört, die sonst das Bier während der Gärung verderben könnten. Schließlich führt das Kochen zur Verdampfung von überschüssigem Wasser, und die Würze erhält die vorgesehene Konzentration, den so genannten »Stammwürzegehalt«.

Die Menge der Würze wird nach dem Abläutern anhand der Markierung am Braulöffel gemessen, zum Kochen gebracht und ohne Deckel je nach Rezept 60 bis 100 Minuten (maximal zwei Stunden) sprudelnd(!) gekocht. Sollte Ihr Herd oder Ihr elektrischer Brautopf nicht die nötige Energie zum wirklich sprudelnden Kochen einer größeren Würzmenge aufbringen, können Sie zusätzlich mit einem Tauchsieder nachhelfen. Wichtig: Vor allem zu Beginn des Kochens sollten Sie die Würze immer im Auge behalten, denn sie neigt jetzt leicht zum Überkochen, weil die Eiweißmoleküle noch nicht denaturiert sind und stark aufschäumen.

Kurz vor Ende der Kochzeit wird die Menge der Würze nochmals nachgemessen und eventuell ein Teil des verdampften Wassers (ein bis zwei Liter) mit kochendem Brauwasser ergänzt. Während des Verdünnens auf die bei Kochbeginn vorhandene Menge wird mit der Bierspindel der

ZEITAUFWAND
Das Kochen der Würze dauert je nach Rezept in der Regel etwa ein bis eineinhalb Stunden. Der Hopfen wird etwa 15 Minuten nach Kochbeginn zugefügt.

Stammwürzegehalt gemessen (siehe Seite 81). Dafür muss die Probe im Wasserbad wieder auf 20 °C abgekühlt werden und sollte schließlich je nach Bierrezept einen Extraktgehalt von 11 bis 17 Prozent aufweisen. Davon sind je nach Biertyp 55 bis 70 Prozent vergärbare Substanzen.

Wird das Bier unter Zusatz von Zuckercouleur zur dunkleren Färbung (siehe Seite 38) gebraut, wird die Zuckercouleur etwa 30 Minuten vor Ende der Kochzeit zugegeben und untergerührt.

Hopfenmenge und Bitterstoffgehalt

Bereits 10 bis 15 Minuten nach Kochbeginn wird der Hopfen zugegeben, um die Eiweißkoagulation in der Würze einzuleiten und so Bitterstoffverluste durch die Bruchbildung zu verringern. Der Hopfen muss mindestens 60 Minuten mitgekocht werden, da seine Substanzen erst nach längerer Kochzeit ihre Wirkung entfalten, das heißt, die vorgesehene Hopfenbittere an das Bier abgeben. Dabei werden auch die im Hopfen enthaltenen Harze und Öle gelöst, die schließlich die Würze zusammen mit dem Malzaroma vollenden.

ALPHASÄURE
Der Alphasäuregehalt im Hopfen richtet sich vor allem nach der Sorte, Ernte und Lagerung.

Der Topf sollte während des Kochens auf keinen Fall abgedeckt werden, damit die Dämpfe gut abziehen können. Würden sie am Deckel kondensieren und in die Würze zurückfließen, könnten die Hopfenöle und andere Aromastoffe dem Bier einen bitteren Geschmack verleihen.

Wie bei der Malzmenge kann auch für den Hopfen keine exakte Dosierung angegeben werden, da die Ausbeute bezüglich des Aromas und der Bitterstoffe (Alphasäure) wie bei vielen Naturprodukten sowohl von der Qualität als auch von sorten- und jahrgangstypischen Unterschieden abhängig ist. Besonders der entscheidende Alphasäuregehalt kann je nach Hopfensorte und Erntejahr schwanken, ebenso kann er sich durch ungünstige Lagerbedingungen und/oder Überalterung des Hopfens verschlechtern.

Kriterien für die Hopfenmenge

Beurteilung	stärkere Hopfenzugabe	schwächere Hopfenzugabe
individueller Geschmack (Bittere)	betonte Bittere	milde Bittere
Bierfarbe, Malzsorte	hell	dunkel
Wasserhärte	weich	hart
Stammwürze (Extraktgehalt)	hoch	niedrig
Vergärungsgrad	hochvergoren	betont malzig
Kochzeit	kurz	lang
Lagerzeit	lang	kurz

Grundsätzlich unterscheidet man zwischen dem Bitterhopfen und dem Aromahopfen. Bitterhopfen wird der Würze bald nach Beginn des Kochprozesses zugegeben. Er hat einen höheren Alphasäuregehalt als Aromahopfen, der erst kurz vor Ende der Kochzeit zugefügt wird.

Um die Inhaltsstoffe der Hopfenpellets optimal auszunutzen, sollten Sie die Pellets immer zuerst in einem Mörser gründlich zerkleinern und anschließend in einer Tasse mit etwas Bierwürze anrühren, bevor Sie sie in die Kochwürze geben.

Berechnung von Hopfenmenge und Bitterstoffgehalt

Für eine genaue Berechnung der jeweils erforderlichen Hopfenmenge benötigen Sie folgende Angaben:
1. Alphasäuregehalt des Hopfens in Prozent (steht gewöhnlich auf der Verpackung).
2. Bitterstoff-Ausnutzung in Prozent. Sie ist abhängig von der Kochdauer und beträgt bei 90 Minuten Kochzeit 30 Prozent, bei 60 Minuten 25 Prozent.
3. Angestrebte Biermenge in Litern.
4. Angestrebte Bittere des fertigen **Biers**. Diese wird in Bit-

HOPFENMENGE
Die jeweils benötigte Hopfenmenge können Sie anhand einer einfachen Formel ganz leicht selbst berechnen.

85

tereinheiten (abgekürzt BE, manchmal auch IBU oder EBU) gemessen und ist umso höher, je bitterer ein Bier ist. Eine Bittereinheit entspricht etwa einem Milligramm isomerisierter Alphasäure pro Liter fertigen Biers.

Eine Orientierung über den durchschnittlichen Bitterstoffgehalt (mg/l) einiger bekannter Biersorten gibt die folgende Übersicht.

Der Bitterstoffgehalt von Bieren

Biersorte	Bitterstoffgehalt in BE
Obergärige Biere:	
Altbier	28–40 (z.T. bis 60)
Kölsch	16–34
Weizenbier	10–18
Malzbier	6–10
Berliner Weiße	4–6
Untergärige Biere:	
Pils	25–45
Lager (hell)	5–24
Export (hell)	20–30
Lager und Export (dunkel)	16–24
Märzen	20–26
Bock (hell)	20–40
Doppelbock (hell)	17–35
dunkle Starkbiere	24–30

Anhand dieser Werte und der ersten Formel auf Seite 87 können Sie die Menge des jeweils benötigten Hopfens exakt ausrechnen. Umgekehrt lässt sich auch der Bitterstoffgehalt eines fertigen Biers ganz einfach bestimmen, indem Sie die Formel, wie im zweiten Beispiel gezeigt, umgeformt einsetzen.

Hopfenmenge

Mit Hilfe folgender Formel kann die erforderliche Hopfenmenge ausgerechnet werden:

$$\text{Hopfenmenge in Gramm} = \frac{\text{Bittereinheiten (BE) x Liter Bier x 10}}{\text{\% Alphasäure x \% Bitterstoffausnutzung}}$$

● Beispiel:

Es soll ein Altbier mit 35 BE gebraut werden; die angestrebte Biermenge beträgt 10 Liter, Kochdauer 90 Minuten (= 30 Prozent Bitterstoffausnutzung). Verwendet werden Aroma-Hopfenpellets, Hallertauer Typ 90 Prozent mit 3 Prozent Alphasäuregehalt.

$$\frac{\text{35 BE x 10 Liter x 10}}{\text{3\% x 30\%}} = 38{,}9 \text{ Gramm Hopfen}$$

Wichtig: Zur Berechnung der einzusetzenden Hopfenmenge wird nur der Hopfen berücksichtigt, den man der kochenden Würze etwa 10 bis 15 Minuten nach Kochbeginn zugibt und den man 60 bis 100 Minuten mitkochen lässt.

Bitterstoffgehalt

Wenn Sie anhand der eingesetzten Hopfenmenge und der Alphasäure den sich daraus ergebenden Bitterstoffgehalt (BE) des Biers ausrechnen möchten, benutzen Sie die umgeformte Berechnung:

$$\text{BE} = \frac{\text{Hopfenmenge in Gramm x \% Alphasäure x \% Bitterstoffausnutzung}}{\text{Liter Bier x 10}}$$

● Beispiel:

Für ein untergäriges Exportbier wurden 20 Gramm Aroma-Hopfenpellets, Spalter Select Typ 90 mit 4,1 Prozent Alphasäure eingesetzt. Die fertige Biermenge beträgt zehn Liter, die Kochdauer beträgt 90 Minuten (= 30 Prozent Bitterstoffausnutzung).

$$\frac{\text{20 g Hopfen x 4,1\% x 30\%}}{\text{10 Liter x 10}} = 24{,}6 \text{ BE}$$

INDIVIDUELLE REZEPTUREN

Bei einigen Rezepten (siehe Seite 106ff.) gibt man drei Viertel des Hopfens zu Kochbeginn und den restlichen Hopfen 10 bis 15 Minuten vor Kochende als Aromahopfen hinzu. Diese Aromahopfenzugabe ist in der Berechnung nicht berücksichtigt, da in der kurzen Zeit keine nennenswerten Bitterstoffmengen in das Bier abgegeben werden.

Phase 5: Ausschlagen (zweites Filtern)

Der Kochtopf wird nun vom Herd genommen und in ein kaltes Wasserbad – etwa in die Badewanne – gestellt (einen elektrischen Brautopf dürfen Sie natürlich nicht ins Wasser stellen). Dann lässt man die Würze einige Minuten ruhen, damit sich der Heißtrub am Topfboden absetzen kann. Dieser »Heißtrub«, auch »Kochtrub« genannt, besteht zu 40 bis 70 Prozent aus den beim Kochen koagulierten Eiweißstoffen (Bruch), zu 7 bis 32 Prozent aus Hopfenbestandteilen und Bitterstoffen (Trub) und zu 20 bis 30 Prozent aus anderen organischen Stoffen (Polyphenole, Fettsäuren, Kohlenhydrate, Mineralstoffe). Man nennt die Würze jetzt »Ausschlagwürze«, da sie als Nächstes vollständig von dem sehr feinen Bruch bzw. dem Trub mit einer Teilchengröße von 0,5 bis 500 Mikrometer getrennt (»ausgeschlagen«) werden muss. Ansonsten behindern Bruch und Trub später die Hefe bei ihrer Arbeit und/oder bewirken eine unbefriedigende Schaumbildung sowie einen Trubgeschmack des Biers.

Von nun an müssen Sie unbedingt steril arbeiten, weil bei allen weiteren Arbeitsschritten Verunreinigungen durch die in der Luft befindlichen Bakterien oder durch unsaubere Geräte den Erfolg Ihrer Arbeit zunichte machen können. Alle Geräte, die Sie von jetzt an benutzen, müssen deshalb vor Gebrauch gründlich gereinigt werden, wobei Sie jedoch grundsätzlich keine Haushaltsspülmittel, sondern nur kochend heißes Wasser verwenden sollten.

Als Nächstes stellen Sie den sterilisierten Gärbehälter bereit, in dessen Öffnung der Trichter mit dem ebenfalls sterilen Würzesiebbeutel gestellt wird (siehe Seite 64). Wenn Sie stattdessen ein Sieb verwenden wollen, sollten Sie bereits während des Würzekochens eine frische Baumwollwindel durch Auskochen sterilisieren. Die Windel dient als Fil-

ZEITAUFWAND

Das Ausschlagen der Würze, bei dem der Heißtrub von der Würze getrennt wird, dauert etwa 30 Minuten.

ter und kommt zwei- oder vierfach gefaltet in das Küchen- oder Gemüsesieb, das Sie auf einen in der Größe passenden sterilisierten Eimer stellen.

Die heiße Würze wird jetzt mit einer großen Suppenkelle oder einem Stieltopf vorsichtig abgeschöpft und durch den Filter bzw. den Würzesiebbeutel gegeben. Sehr wichtig dabei ist, dass die Ausschlagwürze wirklich klar und schnell abläuft. Zum Schluss gießt man den Trub durch den Filter, und zurück bleibt der Hopfentreber als grüne Masse. Dieser Treber enthält auch noch Würze, die man mit ein oder zwei Kellen siedendem Wasser ausschwemmt. Das Ausschlagen sollte möglichst zügig geschehen, denn die abkühlende Würze verliert rasch an Sterilität.

Anschließend gießt man die Würze in das Gärgefäß. Es sollte in jedem Fall größer sein als die zu gärende Biermenge, damit der sich während der Gärphase bildende Gärschaum genügend Platz hat. Empfehlenswert ist ein Gärgefäß mit großer Öffnung und einem Ablaufhahn, der wenige Zentimeter oberhalb des Bodens angebracht ist, damit beim späteren Umfüllen die auf dem Boden abgesetzte Hefe im Gärgefäß zurückbleibt.

RASCH FILTERN
Damit keine Fremdpartikel in die sterile Würze gelangen können, ist es wichtig, dass das Filtern möglichst rasch geschieht.

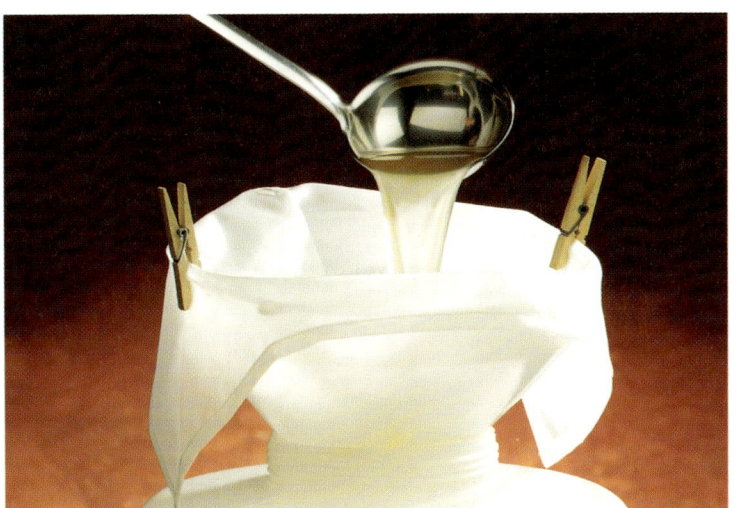

Beim Ausschlagen (zweites Filtern) wird die heiße Würze vorsichtig abgeschöpft und durch den Würzesiebbeutel gegeben. Achten Sie darauf, dass die Würze rasch und klar abfließt.

Phase 6: Abkühlen

Stellen Sie das Gärgefäß nun zum Kühlen in ein kaltes Wasserbad (Plastikwanne) und decken Sie das Gefäß mit einem sauberen Küchenhandtuch ab, damit in dieser empfindlichen Phase keine fremden Keime eindringen können. Um später einen befriedigenden Gärverlauf und eine ausreichende Vermehrung der Hefe zu gewährleisten, muss die Würze während der Kühlung ausreichend Sauerstoffzufuhr erhalten. Aus diesem Grund sollten Sie das Gärgefäß nur locker abdecken und die Würze während der letzten Phase der Abkühlung (von 40 auf 20 °C) ab und zu mit einem langen, sterilisierten Braulöffel gründlich umrühren.

ENTFERNUNG DER EIWEISSSTOFFE
Durch die abrupte Kühlung werden die Eiweißstoffe von der Würze abgeschieden. Dieser der Klärung des Biers dienende Prozess wird »Ausfällen« genannt.

Um die Kühlung zu beschleunigen, wird das kalte Wasser immer wieder erneuert, denn die Würze soll möglichst schnell, d. h. nach spätestens zwei Stunden, auf die für das Zugeben der Hefe (»Anstellen«) notwendige Temperatur abkühlen. Eine schnelle Kühlung ist vor allem in der letzten Phase zwischen 40 und 20 °C wichtig, weil in diesem Bereich die Gefahr einer Infektion besonders groß ist und sich Bierschädlinge schnell entwickeln können. Die Kühlwirkung des Wasserbades können Sie mit Eiswürfeln, Kühlakkus oder durch mit Salzwasser gefüllte Plastikgetränkeflaschen aus der Gefriertruhe unterstützen. Enorm beschleunigt wird die Kühlung mit einer aus mehreren Metern Kupferrohr gebogenen (sterilen!) Spirale, die man in die Würze taucht und durch die ständig kaltes Wasser fließt. Zu- und Ablaufstutzen dieser Spirale werden außerhalb des Gärfasses mit Schlauchklemmen fest an einen Wasserschlauch angeschlossen.

In dieser Phase fällt die Entscheidung, ob Sie ein ober- oder ein untergäriges Bier zubereiten wollen. Bei der Zugabe der Bierhefe im nächsten Arbeitsgang kommt es nämlich darauf an, welche Anstell- und Gärtemperatur sie benötigt:
- Obergärige Hefe braucht 15 bis 23 °C
- Untergärige Hefe benötigt 4 bis 12 °C.

Phase 7: Hauptgärung

Die alkoholische Gärung des Biers wird durch die Aktivität der Bierhefeorganismen (Zellteilung) in Gang gesetzt, bei der sich die vergärbaren Kohlenhydrate (Zucker) in Alkohol und Kohlensäure umwandeln (siehe Seite 43). Bei diesem Vorgang produziert die Hefe bestimmte Enzyme, die die Gärung steuern. Auch andere in der Würze enthaltene Stoffgruppen wie Eiweißkörper, Hopfenharze und Säuren erfahren während der Gärung wichtige Veränderungen, die für die Eigenschaften des späteren Biers von großer Bedeutung sind.

Sobald die Würze die während der Kühlphase vorgesehene Gärtemperatur erreicht hat – sie heißt jetzt »Anstellwürze« –, wird die in Phase 1 vorbereitete Hefelösung (siehe Seite 45 bzw. 71) zugegeben (»angestellt«) und durch gründliches Rühren mit dem Braulöffel belüftet. Danach wird das Gärfass sofort abgedeckt. Für obergäriges Bier reicht ein sauberes Küchenhandtuch, so dass die obergärige Hefe genügend Sauerstoff bekommt, den sie zu Beginn der Hauptgärung unbedingt benötigt. Untergäriges Bier ist dagegen empfindlicher und sollte mit dem zum Gärgefäß gehörenden Deckel fast luftdicht, aber nicht völlig verschlossen werden, da während der folgenden Gärphase noch Kohlendioxid entweichen muss. Aus diesem Grund empfiehlt sich sowohl für ober- als auch für untergäriges Bier besser eine Gärglocke oder ein Gärröhrchen, das auf den Deckel des Gärfasses gesteckt wird.

FREMD-ORGANISMEN

Auch jetzt sollten Sie absolut steril arbeiten, denn Bier ist besonders zu Beginn des Gärprozesses anfällig für Fremdorganismen wie Wildhefen und verschiedene Bakterien und Pilze, die unter den gleichen Bedingungen gedeihen wie die Bierhefe. Diese Organismen können das Bier jetzt hinsichtlich Geschmack und Haltbarkeit erheblich schädigen oder sogar verderben.

> ### Tipp für den Hobbybrauer
> Da die Würze zuvor gekocht wurde, enthält sie jetzt kaum noch Sauerstoff, der für einen gesunden Gärablauf aber unerlässlich ist. Um diese Wirkung zu unterstützen, sollten Sie die Würze in den ersten vier bis acht Stunden der Gärung möglichst häufig durch intensives Rühren mit einem sterilen Löffel belüften, damit sich die Angärung nicht verzögert.

Die richtige Gärtemperatur

Nach dem Ausstellen der Hefe wird das Gärfass an einen ungestörten Platz mit möglichst konstanter Temperatur gestellt. Bei der Herstellung von obergärigem Bier gibt es dabei meistens keine Probleme, weil die Hefe etwa bei Zimmertemperatur (15 bis 23 °C) arbeitet. Für untergäriges Bier, das bei einer Temperatur von 4 bis 12 °C gärt, wird dagegen ein kühler Keller oder ein Kühlschrank benötigt. Natürlich kann untergäriges Bier auch wie in alten Zeiten nur bei Außentemperaturen von 0 bis 12 °C gebraut werden. Ist die Gärtemperatur dagegen höher, verläuft die Gärung eher obergärig.

TEMPERATUR-SCHWANKUNGEN
Bei starken Temperaturschwankungen wird die Schaumkrone destabilisiert, und das Bier kann bitter werden.

Sehr wichtig ist, dass größere Temperaturschwankungen während der Zeit der Hauptgärung vermieden werden. Hohe Temperaturen beschleunigen zwar die Gärung, destabilisieren aber die Schaumkrone und produzieren ein trübes, bitteres Bier. Liegt die Temperatur gar über dem angegebenen Optimum, kann die Hefe vollständig zerstört werden. Sie sollten sich deshalb eher an der angegebenen niedrigeren Gärtemperatur für die jeweilige Hefeart orientieren, weil das Bier dadurch weniger anfällig gegenüber Infektionen ist und außerdem die CO_2-Bindung im Bier günstiger verläuft. Bei der Gärtemperatur sollten Sie auch berücksichtigen, dass die Temperatur der Anstellwürze während der Gärphase infolge der Gärungswärme noch um einige Grade gegenüber der Umgebungstemperatur des Gärfasses ansteigt.

Andererseits darf die Temperatur auch nicht zu niedrig sein, da sich die Gärung sonst verzögert oder die Hefezellen gar nicht erst aktiv werden. In diesem Fall sollten Sie die Gärtemperatur um einige Grade erhöhen. Dies ist insbesondere bei Trockenhefen ratsam, sofern sich herausstellt, dass sie bei niedrigen Temperaturen nicht »arbeitswillig« sind. Wenn die Hefe nach 36 bis 48 Stunden noch nicht reagiert hat, was äußerst selten vorkommt, sollten Sie sicherheitshalber einen neuen Hefeansatz vorbereiten (siehe

Seite 45 bzw. 71). Aus diesem Grund sollten Sie sich immer einen kleinen Vorrat der relativ lange lagerfähigen Trockenhefe anlegen. Überprüfen Sie jedoch vor der erneuten Hefezugabe auf jeden Fall, ob die Würze die je nach gewünschter Bierart richtige Gärtemperatur hat (siehe Seite 90). Eine falsche Temperatur kann Ihr Bier unter Umständen verderben, und Ihre Mühe war umsonst.

Gärstadien und Gärdauer

Die Dauer der Gärung ist abhängig von der Bierart – obergäriges Bier vergärt wegen der höheren Temperatur etwas schneller (drei bis acht Tage) als untergäriges Bier (sechs bis zehn Tage) – und davon, welche Hefe verwendet wurde (Trocken-, Press- oder Frischhefe). Im ersten Stadium der Gärung, das vier bis acht Stunden dauert, absorbiert die Hefe den gesamten verfügbaren Sauerstoff und speichert somit Energie für später. Dabei wächst die Zahl der Hefezellen ständig, bis sie sich gegen Ende der Gärung um das Drei- bis Achtfache der Anstellmenge vermehrt haben, wobei die Vermehrung obergäriger Hefe stärker ist als die der untergärigen. Der pH-Wert der Anstellwürze verschiebt sich während der Gärung von 5,2 bis 5,7 auf 4 bis 4,7, vorausgesetzt, Ihr Brauwasser hatte einen pH-Wert von ca. sechs. Sobald kein Sauerstoff mehr vorhanden ist, wandelt die Hefe den Malzzucker in Alkohol und Kohlensäure um. Die Extraktabnahme eines Vollbiers beträgt in den ersten 24 Stunden bei untergäriger Hefe 0,4 bis 0,6 Prozent, bei obergäriger Hefe 2 bis 2,5 Prozent. Während dieses Prozesses transportiert die aufsteigende Kohlensäure Ausscheidungen aus der Würze an die Oberfläche, die sich je nach Temperatur und Hefesorte nach 12 bis 48 Stunden als cremig-weiße Schaumschicht auf der Würze absetzt. Sie zeigt an, dass die Umwandlung im Jungbier begonnen hat, die Gärung »kommt an«. Diese cremig-weiße Schicht sehen Sie sehr gut in den bebilderten Phasen der Gärung auf Seite 95. Wie sich die Schaumschicht weiter entwickelt und wie sie dem Jungbier dient, erfahren Sie auf der folgenden Seite.

GÄRZEIT

Die Dauer der Hauptgärung beträgt abhängig von der Gärtemperatur und der Hefeart bei obergärigem Bier drei bis acht Tage, bei untergärigem Bier sechs bis zehn Tage.

Hefeflecken entfernen

Nach zwei bis drei Tagen entwickeln sich immer dickere Schaumgebirge, die Kräusen, die das Jungbier vor Verunreinigungen aus der Luft schützen. Auf den Kräusen zeigen sich bald braune Flecken, die von Ausscheidungen aus der Würze stammen und vom aufsteigenden Kohlendioxid nach oben transportiert werden. Bei diesen Ausscheidungen – sie werden »Hefeflecken« genannt – handelt es sich um stickstoffhaltige Verbindungen, Eiweißgerbstoffe, Hopfenharze, Bitterstoffe und andere Trubbestandteile. Die Extraktabnahme ist in diesem Stadium sehr intensiv und beträgt pro 24 Stunden bei untergäriger Hefe ein bis zwei Prozent, bei obergäriger Hefe 5,5 bis 6,5 Prozent. Die dunkelbraunen Hefeflecken sollten während der Gärung täglich mit einem sterilen Löffel abgenommen werden, damit das Bier keinen hefestichigen Geschmack bekommt.

HEFEFLECKEN
Hefeflecken nennt man die braunen Stellen, die sich während des Gärprozesses auf den Kräusen des Jungbiers bilden.

Gärschaum abschöpfen

Mit abnehmendem Extraktgehalt der Würze reduziert sich auch die Hefetätigkeit. Die Kräusen auf dem Jungbier fallen bald darauf in sich zusammen, und bei untergärigem Bier setzt sich die Hefe nach und nach am Boden des Gärfasses ab. Bei der Obergärung setzt sich dagegen nur ein geringer Teil der Hefe in lockerer Schicht am Boden ab, der größte Teil der obergärigen Hefezellen steigt während der gesamten Gärung an die Oberfläche des Jungbiers. Das Zusammenfallen der Kräusen ist ein Zeichen dafür, dass die Hauptgärung beendet ist. Die Bierspindel (siehe Seite 59) zeigt jetzt einen Extraktgehalt von vier bis fünf Prozent an. Vor dem Abfüllen wird nun der Schaum, bevor er auf den Boden sinken kann, mit einer sterilen Schaumkelle abgeschöpft. Bei untergärigen Bieren ist das Abnehmen der Gärdecke vor dem Abfüllen notwendig, weil das Bier sonst zu bitter werden kann. Bei obergärigen Bieren geht es zusätzlich um die Entfernung der vor allem an der Oberfläche konzentrierten Hefezellen. Ist nämlich die abgefüllte Hefemenge zu groß, führt dies zu einer Beeinträchtigung des Bierschaums.

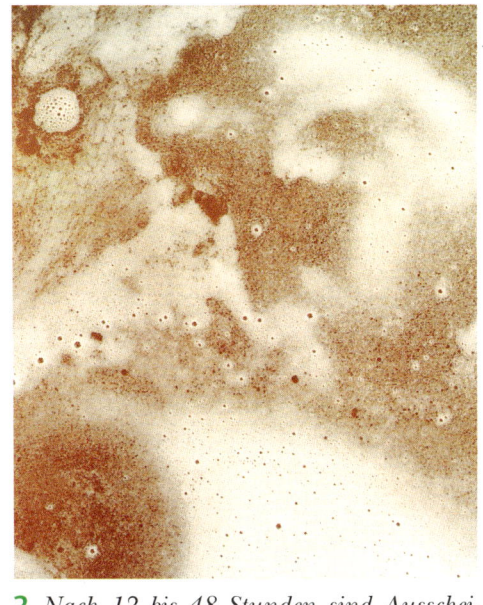

1 *Die in Phase 1 hergestellte Hefelösung (siehe Seite 71) wird der Würze beigegeben.*

2 *Nach 12 bis 48 Stunden sind Ausscheidungen aus der Würze sichtbar.*

3 *Die entstehenden Hefeflecken sollten Sie mit einem sterilen Löffel entfernen.*

4 *Nach der Hauptgärung zeigt die Bierspindel einen Extraktgehalt von 4 bis 5 Prozent.*

Bestimmung des Abfüllzeitpunkts

In dieser Phase unterscheidet man zwischen vergärbarem und nicht vergärbarem Extraktanteil. Der nicht vergärbare Restextrakt kann von der Hefe nicht verarbeitet werden und bleibt als messbarer Anteil im Jungbier zurück. Bei einem Restextrakt von vier bis fünf Prozent (bei Vollbieren) ist der vergärbare Zucker im Wesentlichen abgebaut, und die Hauptgärung ist abgeschlossen. Liegt der Wert höher, sollte das Jungbier noch etwas weitergären.

RESTEXTRAKT
Bei einem unvergärbaren Restextrakt von vier bis fünf Prozent ist die Hauptgärungsphase beendet.

Zur Bestimmung des Restextrakts wird mit dem sterilen Bierheber eine Probe aus dem Gärfass entnommen, in den Messzylinder gegeben, auf 20 °C temperiert und der Extraktgehalt mit der Bierspindel gemessen (siehe Seite 81). Vor dem Messen ist es ratsam, das Jungbier im Messzylinder kräftig zu schütteln, damit sich an der Bierspindel keine Kohlensäurebläschen festsetzen, die die Bierspindel nach oben treiben und das Messergebnis verfälschen können. Die Kohlensäure lässt sich aber auch gut entfernen, indem man die Probe vor dem Messen durch eine Kaffeefiltertüte schüttet.

Im Prinzip kann man die Bestimmung des Abfüllzeitpunkts auch anhand einer Geschmacksprobe durchführen. Ein guter Biergeschmack zeigt an, dass die Hauptgärung beendet ist und mit dem Abfüllen begonnen werden kann. Schmeckt das Jungbier süß, kann es noch etwas gären.

Schnellvergärungsprobe

Die Schnellvergärungsprobe ist ein noch genaueres und recht einfaches Verfahren zur Bestimmung des Abfüllzeitpunkts. Sie ist besonders dann hilfreich, wenn man für die in der Flasche stattfindende Nachgärung (siehe Seite 100) den exakten Restextraktgehalt bestimmen will, um weder einen zu hohen noch einen zu niedrigen Kohlensäuregehalt zu bekommen. Der häufigste Fehler bei Hobbybrauern, eine zu lange Hauptgärung und als Folge ein schaumarmes Bier, kann so vermieden werden.

Sobald die Hauptgärung angekommen ist, erkennbar am Schaum auf der Oberfläche, wird mit einem sterilen Bierheber eine Probe aus dem Gärfass entnommen. Diese Probe wird in einem Messzylinder locker abgedeckt und drei Tage lang bei Zimmertemperatur deutlich über der Temperatur des Gärfasses stehen gelassen. Nach spätestens 72 Stunden ist die Probe endvergoren, das heißt, der gesamte vergärbare Zucker ist von der Hefe in Alkohol und Kohlendioxid umgewandelt worden. Nun wird die Kohlensäure aus der Probe entfernt, indem man die Probe durch einen Kaffeefilter schüttet, und der unvergärbare Restextrakt (bei 20 °C) mit der Bierspindel gemessen. Diesem Wert werden 0,3 Prozent Extrakt für die Kohlensäurebildung hinzugerechnet, und man erhält den exakten Spindelwert für die Bestimmung des Abfüllzeitpunkts.

KOHLENSÄURE ENTFERNEN
Eine einfache Möglichkeit, die Kohlensäure aus der Messprobe zu entfernen, ist es, die Probe durch einen Kaffeefilter zu gießen.

Berechnung des Alkoholgehalts

Nach folgender Formel können Sie den Alkoholgehalt Ihres Biers ausrechnen: Würzgehalt vor der Gärung minus Würzgehalt nach der Gärung geteilt durch zwei.

● Beispiel: Der Stammwürzegehalt der Anstellwürze beträgt 11 Prozent, nach der Gärung verbleiben 3 % Restextrakt. Der Alkoholgehalt liegt bei 4 % (11 − 3 = 8 : 2 = 4 %), das entspricht etwa 5 Volumenprozent Alkohol.

Phase 8: Nachgärung und Klärung

ZEITAUFWAND
Die Zeit der Nachgärung, während der die restlichen Zuckerbestandteile vergoren werden, beträgt je nach Biertyp zwischen drei und zwölf Wochen.

Bei der Nachgärung werden die von der Hauptgärung verbliebenen restlichen Kohlenhydrate (Zucker) vergoren – das Jungbier reichert sich mit Kohlensäure an, die für die spätere Schaumbildung, Schaumhaltigkeit und Frische von Bedeutung ist, und reift zur geschmacklichen Vollendung aus. Während der Nachgärung und anschließenden Lagerung erfolgt auch eine natürliche Klärung des Biers: Die restliche Hefe sinkt in dieser Zeit nach unten, zieht trübende Bestandteile wie Eiweißgerbstoffverbindungen oder Hopfenharze mit sich und lagert sich schließlich als Sediment am Boden ab.

Abfüllen (Schlauchen)

Zum Abfüllen wird das Jungbier aus dem Gärfass mit einem passenden Abfüllschlauch, der über den Abflusshahn des Gärfasses geschoben wird, in das Nachgärgefäß umgefüllt. Dieses so genannte Schlauchen sollte so schaumfrei wie möglich erfolgen. Führen Sie den Schlauch deshalb immer bis zum Boden des Nachgärgefäßes ein, damit möglichst wenig Kohlensäure entweicht. Die Kohlensäure sorgt nämlich für Schaumbildung und -haltigkeit sowie für die biologische Stabilität und Qualität des Biers. Sie hemmt die Entwicklung von Fremdorganismen und dient neben dem Alkohol, den Hopfenbitterstoffen und der kalten Lagerung während der Nachgärung als natürliches Konservierungsmittel für das Bier.

Wichtig beim Schlauchen ist außerdem, dass der Hefesatz auf dem Boden des Gärfasses nicht aufgewirbelt wird. Bei dieser Hefe handelt es sich um überwiegend tote, gärunfähige Zellen. Gelangen zu viele davon in das Nachgärgefäß, übertönen sie andere Geschmackselemente des Biers, und da sie sich zersetzen, könnte das Bier sogar einen unangenehmen Geschmack bekommen. Ein kleiner, für die Nachgärung erwünschter Teil der noch aktiven, im Jungbier schwimmenden Hefe wird beim Schlauchen automatisch mitgenommen und sorgt dafür, dass die Nachgärung in Gang kommt.

Flaschengärung

Die beste Ihnen zur Verfügung stehende Möglichkeit ist die Nachgärung in Flaschen, die von den meisten Hobbybrauern auch aus Kostengründen bevorzugt wird. Dafür müssen die Bierflaschen vor dem Abfüllen gründlich gereinigt und im Backofen bei einer Temperatur von 110 bis maximal 150 °C sterilisiert werden. Sie sollten auf einem Rost liegen und weder die Backofenwände berühren noch untereinander Kontakt haben, damit Glasbruch vermieden wird. Vor dem Erhitzen müssen die Dichtgummis der Bügelverschlüsse abgenommen und in etwas kochendem Wasser ebenfalls sterilisiert werden. (Morsche Gummis sollten Sie unbedingt durch neue ersetzen.) Anschließend werden die abgekühlten Flaschen zu 90 bis 95 Prozent gefüllt, damit etwas Luftraum zur Aufnahme des Kohlensäuredrucks bleibt, und sofort sorgfältig verschlossen.

Um den zeitlichen Aufwand der Flaschenreinigung und Sterilisation sowie des Schlauches in Grenzen zu halten, sollten Sie Bierflaschen mit mindestens einem Liter Inhalt verwenden.

Grundsätzlich sollten Sie keine beschädigten Flaschen verwenden. Risse oder Glasschäden an der Flasche könnten zu Undichtigkeiten und Kohlensäureverlusten führen. Es kann auch passieren, dass ältere Bierflaschen dem Druck nicht mehr gewachsen sind und platzen. Verwenden Sie deshalb nur einwandfreies Glasmaterial.

Eine zweite Möglichkeit ist die Nachgärung in einem speziellen Gärgefäß. Gut geeignet, aber auch nicht ganz billig, ist ein Polyethylen-Kunststoffbehälter mit Überdruck-Sicherheitsventil. Diese Gärbehälter haben oft ein schwimmendes Abnehmersystem, mit dem das trinkfertige Bier

STERIL ARBEITEN
Auch in diesem Stadium kommt es immer noch auf steriles Arbeiten an. Alle Geräte müssen deshalb vor Gebrauch gründlich mit kochend heißem Wasser gereinigt werden.

nach dem Abschluss der Nachgärung von der Oberfläche über einen Auslaufhahn gleich abgezapft werden kann. Einige Fässer sind sogar mit einem Kohlendioxid-Einspritzventil ausgestattet, die eine CO_2-Patrone aufnehmen.

Nachgärfässer ohne Überdruck-Sicherheitsventil werden mit einem Gärröhrchen oder einer Gärglocke von der Luft abgeschlossen. Über die halb mit Wasser gefüllte Gärglocke können so die bei der Gärung entstehenden Kohlendioxid-Gase entweichen, ohne dass umgekehrt Fremdkeime eindringen können. Wenn Sie sich für diese Art der Nachgärung entscheiden, müssen Sie später allerdings das fertige Bier noch auf Flaschen ziehen oder in ein Fass umfüllen. Dies ist ein zusätzlicher Arbeitsaufwand, der noch den Nachteil hat, dass bei dieser Art der Nachgärung sowie beim nochmaligen Umfüllen ein nicht unerheblicher Verlust an Kohlensäure eintritt. Die direkte Nachgärung in der Flasche ist deshalb letztlich vorteilhafter als das Nachgären in einem Gärgefäß.

Klares oder naturtrübes Bier?

NATURTRÜBES BIER
Ein nahrhaftes Bier war früher immer naturtrüb und ist auch heute noch vorzuziehen, weil es die wertvollen, an die Hefezellen gebundenen B-Vitamine enthält.

Weil die meisten Verbraucher angeblich ein klares Bier wünschen, setzen die Brauereien teilweise verschiedene technische Klärhilfsmittel wie Holzspäne aus Buchen- und Haselnussholz, aufgeraute Aluminiumfolien, Bentonite oder Kieselsäurepräparate ein. Der größte Teil des heute produzierten Biers wird zur Korrektur von geschmacklichen oder optischen »Mängeln« mit Hilfe von Hausenblase, Kieselgur, Aktivkohlefilter oder durch Kohlensäurewäsche filtriert und damit sozusagen einer »Geschmackswäsche« unterzogen. Bei der Entkeimung und künstlichen Haltbarkeitsverlängerung des Biers wird häufig mit chemisch-synthetischen Hilfsmitteln gearbeitet. Diese Stabilisierungsmittel führen zu einer längeren phsikalisch-chemischen Haltbarkeit des Biers. Mit allen diesen Verfahren wird das Bier in der Brauerei jedoch zu seinem Nachteil verändert, weil Nährstoffe, Farb- und Geschmackskomponenten verloren gehen. Mit ihnen weicht auch der Biergenuss, und deshalb schmeckt das Bier aus den Großbrauereien oft sehr uniform.

1 *Sterilisieren Sie die Bierflaschen nach dem Reinigen bei 110 bis 150 °C im Backofen.*

2 *Soll das Bier in der Flasche nachgären, wird es direkt auf Flaschen gezogen.*

3 *Lassen Sie das Bier nach dem Abfüllen noch drei bis fünf Tage abgedunkelt stehen.*

4 *Bereits nach zwei bis vier Wochen können Sie eine erste Kostprobe machen.*

Lagerung

Nach dem Schlauchen wird das Bier noch drei bis fünf Tage bei gleicher Temperatur wie während der Hauptgärung abgedunkelt stehen gelassen (siehe Seite 92) und danach in dunkler Umgebung bei möglichst konstanter Temperatur gelagert: Obergäriges Bier lässt man am besten im Keller oder im Kühlschrank bei 10 bis 12 °C reifen, untergäriges Bier benötigt eine Lagertemperatur von 0 bis 2 °C. Diese Temperaturen sollten möglichst nicht überschritten werden, weil sich eine zu warme Lagerung nachteilig sowohl auf den Biergeschmack als auch auf die Schaumbildung auswirkt.

RICHTIGE LAGER-TEMPERATUR
Obergäriges Bier benötigt eine Lagertemperatur von 10 bis 12 °C, untergäriges Bier lässt man bei 0 bis 2 °C reifen.

Wichtig: Bei der Nachgärung in Bierflaschen müssen die Flaschen unbedingt nach 12 bis 18 Stunden sowie in den ersten zwei bis drei Tagen täglich einmal ganz kurz entlüftet werden, damit der hohe Kohlendioxid-Druck entweichen kann. Außerdem müssen die Flaschen stehend gelagert werden, damit sich die das Bier trübenden Bestandteile während der Nachgärung als Sediment am Flaschenboden absetzen können.

Dier erste Kostprobe

Nach einer Lagerzeit von insgesamt 3 bis 16 Wochen nach Abschluss der Hauptgärung – diese Zeit hängt vom jeweiligen Biertyp ab – hat das Bier seine vollendete Reife und Klärung erreicht und ist trinkfertig. Als Faustregel gilt: Je mehr Alkohol das Bier hat, umso länger dauert die Reifung, je tiefer die Temperatur ist, umso langsamer verläuft die Klärung. Wenn Sie es aber kaum mehr erwarten können, endlich Ihr selbst gebrautes Bier zu trinken, können Sie versuchsweise nach zwei bis vier Wochen eine erste Kostprobe nehmen. Sollte diese noch nicht zufriedenstellend ausfallen, lassen Sie das Bier noch einige Zeit weiter reifen und kosten Sie dann erneut. Oft braucht es eben mehr Zeit und Geduld, bis das Bier wirklich gut schmeckt. Besonders bei hellen oder stärker gehopften Bieren führt eine längere Lagerung zu einem ausgereifteren Geschmack.

Korrekturen

Es kommt nur sehr selten vor, dass ein korrekt gemaischtes und gelagertes Bier während der Nachgärung zu wenig Kohlensäure erzeugt. Sollte dies nach 14 Tagen der Fall sein, war vermutlich die Hauptgärung schon zu weit fortgeschritten und der Zucker bereits vollständig in Alkohol umgewandelt. Die Folge ist unter Umständen ein schales, fast schaumloses Bier. Ein kohlensäurearmes Bier muss aber nicht zwangsläufig schal schmecken, wenn es mit einer gerade eben noch wahrnehmbaren Säure ausgestattet ist, die richtige Hopfenmenge und eine sehr feine Malzsüße enthält. Schließlich gibt es viele Biersorten, die keinen üppigen Schaum haben; dazu zählen beispielsweise die kohlensäureärmeren fränkischen Kellerbiere sowie zahlreiche englische Biersorten.

Es gibt nicht wenige Hobbybrauer, die der Nachgärung sicherheitshalber etwas Dextrosezucker mitgeben – und es spricht eigentlich auch nichts dagegen, sofern eine bestimmte Menge nicht überschritten wird (siehe unten). In diesem Fall wird der Zucker in etwas abgekochtem Wasser aufgelöst und vor dem Schlauchen ins Gärfass eingerührt, wobei die Zuckerlösung vor dem Einrühren auf etwa 20 °C abgekühlt werden muss. Nach dem Einrühren des Dextrosezucker sollten Sie mit dem Schlauchen noch etwa eine Stunde warten, damit sich die aufgewirbelte Hefe wieder auf dem Boden absetzen kann.

ZUCKERZUGABE
Die Zugabe von etwas Zucker während der Nachgärung sorgt für ausreichend Kohlensäure im fertigen Bier.

> ## Tipp für den Hobbybrauer
>
> Um einen zu geringen Kohlensäuregehalt zu korrigieren, fügen Sie dem Bier vor der Nachgärung etwas Zucker sowie einige Körnchen einer untergärigen Trockenhefe zu. So kommt die Gärung und die Produktion von Kohlensäure wieder in Gang. Die Zuckermenge darf pro Liter Bier allerdings höchstens vier Gramm betragen, da sonst die Bierflaschen bzw. das Nachgärgefäß während der Nachgärphase durch den hohen CO_2-Druck leicht explodieren und zu gefährlichen Verletzungen führen können.

Der richtige Genuss

Ihr selbst gebrautes Bier ist fertig! Nun wollen Sie es ausschenken und zusammen mit Ihren Freunden genießen.
Damit dies gelingt, sollten Sie jedoch noch einige weitere
Faktoren berücksichtigen, die den Geschmack des Biers
beeinflussen können.

Haltbarkeit

**GERINGERE
HALTBARKEIT**

Im Gegensatz zum
Industriebier hält sich
selbst gebrautes Bier
nur drei bis sechs
Monate. Am besten
schmeckt es in den
ersten sechs Wochen
nach Abschluss der
Nachgärung.

Sie sollten Ihren Biervorrat möglichst innerhalb von etwa
sechs Wochen nach Abschluss der Nachgärung aufbrau-
chen, denn in dieser Zeit ist der Geschmack am besten; danach nimmt er etwas ab. Generell ist es ratsam, selbst gebrautes Bier nicht länger als drei bis sechs Monate zu lagern,
weil es selbstverständlich nicht so lange haltbar sein kann
und auch nicht sein soll wie die eiweißstabilisierten und
pasteurisierten Industriebiere aus den Großbrauereien.

Trinktemperatur

Die Trinktemperatur des Biers ist natürlich Geschmacks-
sache. Helle, untergärige Biere werden normalerweise bei
einer Temperatur von 7 bis 10 °C getrunken, damit sich die
Würze entfalten kann. Obergärige Biere dagegen werden
zur Entwicklung ihres vollen Aromas bei einer Trinktemperatur von 12 bis 15 °C serviert. Damit sich diese Temperaturen auch im Glas einstellen, muss die Kühlschranktempe-
ratur um etwa 2 °C niedriger liegen.

Bierglas und Bierkrug

Getrunken wird das selbst gebraute Bier aus Biergläsern
oder -krügen. Für helles, naturtrübes Bier nehmen Sie am
besten Steinkrüge (bei den Dunkelbiersorten können Sie
die Trübung kaum sehen). Krüge und Gläser müssen sau-
ber und fettfrei sein, wobei Haushaltsspülmittel zur Reinigung nicht geeignet sind, weil sie die schöne Schaumkrone

des Biers beeinträchtigen. Den gleichen Effekt haben auch geringe Fettreste im Glas. Aus diesem Grund sollten Sie die Gläser, die Sie zum Biertrinken nehmen, nicht zum Milchtrinken verwenden und sie auch nicht in der Küche aufbewahren, wo sich der Kochdunst niederschlagen kann. Es empfiehlt sich, auch ein sauberes Glas vor dem Einschenken gründlich mit kaltem Wasser auszuspülen, da ein gekühltes Glas dem Bier einfach besser bekommt.

Einschenken

Auch das korrekte Einschenken ist keinesfalls unwichtig, weil dabei ein Kohlensäureverlust vermieden werden soll. Das Bier sollte weder ins Glas klatschen noch plätschern, sondern das Glas wird gerade und die Flasche im rechten Winkel dazu wenige Zentimeter über dem Glas gehalten. Wenn Sie aus dem Fass einschenken, halten Sie das Glas am besten leicht schräg. Eingegossen wird zügig in der Mitte des Glases, bis der Schaum den Glasrand fast erreicht hat. Nach einer Minute hat sich der Schaum abgesetzt, und das Glas kann bis zu einer schönen Schaumkrone nachgefüllt werden. Obergäriges Bier wird schnell gezapft, untergäriges dagegen langsam mit mehrmaligem Absetzen.

EINSCHENKEN AUS DEM FASS
Beim Einschenken aus dem Fass sollte man das Glas immer leicht schräg halten und zügig in der Mitte eingießen.

Egal, ob Sie das Bier aus der Flasche oder aus dem Fass einschenken: Sie sollten das Glas leicht schräg halten.

Bierrezepte

Ein großer Vorteil des Selberbrauens besteht darin, den Biergeschmack nach den individuellen Vorlieben beeinflussen zu können. Aus diesem Grund verstehen sich die angegebenen Zutatenmengen auch nur als ungefähre Richtschnur. Und auch der Brauvorgang muss nicht bei jedem Schritt haargenau entsprechend den ab Seite 67 beschriebenen acht Phasen erfolgen, sondern kann vielmehr den jeweiligen Bedingungen angepasst und variiert werden. Dies betrifft insbesondere folgende Punkte:

DAMIT IHR BIER GELINGT
Geschmack, Farbe, Schaum und Haltbarkeit des Biers hängen im Wesentlichen von Art, Menge und insbesondere der Qualität der Rohstoffe und vom Brauprozess selbst ab.

● Die Wasserhärte bestimmt bereits den zu brauenden Biertyp (siehe Seite 50). Grundsätzlich können Sie mit fast jeder Wasserhärte ein akzeptables Bier brauen. Allerdings gelingt es besser, je weicher das Wasser ist, weshalb Sie hartes Wasser vor dem Brauen mit einem der ab Seite 52 beschriebenen Wasserenthärtungsverfahren enthärten sollten. Ist das Brauwasser härter als im Rezept angegeben, sollten Sie die Menge des Hopfens etwas vermindern.

● Die in der Zutatenliste beim Hopfen angegebene Alphasäure bestimmt die Hopfenmenge und damit den Bitterstoffgehalt (BE) des Biers. Mit Hilfe der auf Seite 87 angegebenen Formel können Sie sich die Bittereinheiten des Biers ausrechnen und das Rezept auf die Ihnen zur Verfügung stehende Hopfensorten umrechnen.

● Die Brauereien setzen für die unterschiedlichen Biersorten spezielle Malzmischungen ein. Auch Sie können mit verschiedenen Zusammenstellungen experimentieren und sich so an Ihren Lieblingsgeschmack heranarbeiten. Im Hobbybrauer-Fachhandel (siehe Bezugsquellen Seite 154) gibt es inzwischen helle, mittlere und dunkle Gerstenmalzsorten, Karamellmalz, Röstmalz, helles und dunkles Weizenmalz, Weizenfarbmalz, Roggenmalz und Sauermalz sowie diverse Malzextrakte bzw. Flüssigmalze (siehe Seite 37).

● Der Stammwürzegehalt ist neben dem Sudverfahren vor allem abhängig von der Ausbeute der Schüttung. Je nach Gersten- oder Weizensorte und Mälzverfahren kann die

Ausbeute des Malzes bei gleicher Schüttung unterschiedlich sein. Die im Rezept angegebenen Malzmengen sollten deshalb bei zu geringer Stammwürze etwas erhöht bzw. bei zu hoher Stammwürze vermindert werden.

● Daneben kann die Ausbeute durch eine Veränderung von Hauptguss und Nachguss beeinflusst werden (siehe Seite 73), wobei ein geringerer Hauptguss und ein höherer Nachguss die Enzymwirkung und damit die Ausbeute verbessert. Eine genaue Angabe der Wassermenge ist allerdings nicht möglich. Deshalb sollten Sie immer etwas zu viel Brauwasser bereitstellen, um z. B. die Temperatur während des Maischens schnell regulieren zu können.

● Grundsätzlich können Sie jedes Bier sowohl mit Trocken- als auch mit Flüssighefe vergären (siehe Seite 44). Flüssighefen haben den Vorteil, dass sie für spezielle Biersorten gezüchtet worden sind und damit einen positiveren geschmacklichen Einfluss auf das jeweilige Bier ausüben.

● Die in den Rezepten angegebene Bezeichnung des Biertyps (Alt, Kölsch, Weizen, Pils, Export, Bock) ist lediglich als Orientierung insbesondere hinsichtlich der Geschmacksrichtung zu verstehen. Sie sollten daher nicht erwarten, ein Ihnen unter dieser Bezeichnung bekanntes Bier identisch nachbrauen zu können. Die Braubedingungen zu Hause sind nun einmal nicht die gleichen wie in einer Brauerei. Darum wird Ihr selbst gebrautes Bier wohl auch etwas anders, aber keinesfalls schlechter schmecken oder von minderer Qualität sein als ein gekauftes. Die erste Kostprobe ist deshalb immer spannend, weil man vorher nie genau weiß, welche Geschmacksfeinheiten herauskommen.

BRAUWASSER
Um während des Brauens jederzeit die Temperatur regulieren zu können, sollte immer etwas zusätzliches Brauwasser bereitstehen.

Tipp für den Hobbybrauer

Beim ersten Brauversuch empfiehlt es sich, mit den Rezepten für obergäriges Bier zu beginnen, weil dieser Biertyp etwas einfacher herzustellen ist und besonders beim Gärprozess mit normalen Zimmertemperaturen gearbeitet werden kann. Alle Rezepte entsprechen bis auf die Zugabe von Zucker bei untergärigem Bier dem deutschen Reinheitsgebot und beziehen sich auf etwa zehn Liter fertiges Bier.

Dunkles Vollbier Typ Alt/obergärig

Zutaten

Braumalz (geschrotet)	1 kg Gerste dunkel, 1 kg Gerste hell, 250 g Karamellmalz, 250 g Weizen hell
Hopfen	50 g Pellets, Typ 90 (bei 3% Alphasäure)
Bierhefe	20–25 ml obergärige Altbier-Flüssighefe
Wasserhärte	auch hartes Wasser ist verwendbar

Brauvorgang

Hauptguss	7–8 l, 55 °C	Würze kochen	90 Min.
Einmaischen	20 Min., 50 °C	Hopfenzugabe	3/4 vor Kochbeginn,
Eiweißrast	15–30 Min., 47–55 °C		1/4 ca. 10 Min. vor
Maltoserast	40 Min., 65 °C		Kochende
(Beta-Amylase)		Abkühlen	16 °C
Verzuckerungsrast	40 Min., 72–74 °C	Hauptgärung	obergärig, 3–5 Tage,
(Alpha-Amylase)			15–20 °C
Nachguss	9–10 l	Lagerzeit bis zur	
Würzegehalt	11–12 %	Trinkreife	3–8 Wochen

Helles Vollbier Typ Kölsch/obergärig

Zutaten

Braumalz (geschrotet)	2 kg Gerste hell, 250 g Weizen hell
Hopfen	45 g Pellets, Typ 90 (bei 3% Alphasäure)
Bierhefe	20–25 ml obergärige Kölsch-Flüssighefe
Wasserhärte	auch hartes Wasser ist verwendbar

Brauvorgang

Hauptguss	9–10 l, 40 °C	Würzegehalt	11–12 %
Einmaischen	20–30 Min., 35 °C	Würze kochen	80 Min.
Eiweißrast	20–30 Min., 52 °C	Hopfenzugabe	3/4 vor Kochbeginn,
Maltoserast	40 Min., 66 °C		1/4 ca. 10 Min. vor
(Beta-Amylase)			Kochende
Verzuckerungsrast		Abkühlen	15 °C
(Alpha-Amylase)		Hauptgärung	obergärig, 3–7 Tage,
1. Verzuckerung	40 Min., 72 °C		15–18 °C
2. Verzuckerung	15 Min., 78 °Cl	Lagerzeit bis zur	
Nachguss	7–8 l	Trinkreife	4–9 Wochen

Dunkles Starkbier Typ Landbier/obergärig

Zutaten

Braumalz (geschrotet)	1,5 kg Gerste dunkel, 1,5 kg Gerste hell, 500 g Malzextrakt, 250 g Röstgerste (ungemälzte Rohgerste)
Hopfen	40 g Pellets, Typ 90 (bei 3% Alphasäure)
Bierhefe	7 g obergärige Trockenhefe
Wasserhärte	weich bis mittelhart

Brauvorgang

Hauptguss	7–8 l, 60 °C	Würze kochen	60–90 Min., Malz-
Einmaischen	20 Min., 50 °C		extrakt vor dem
Eiweißrast	20–30 Min., 47–55 °C		Kochen zugeben
Maltoserast	40 Min., 65 °C	Hopfenzugabe	vor Kochbeginn
(Beta-Amylase)		Abkühlen	15 °C
Verzuckerungsrast	40 Min., 74 °C	Hauptgärung	obergärig, 3–5 Tage,
(Alpha-Amylase)			15–20 °C
Nachguss	9–10 l	Lagerzeit bis zur	
Würzegehalt	16–17 %	Trinkreife	6–12 Wochen

Weizenbier hell/obergärig

Zutaten

Braumalz (geschrotet)	1 kg Gerste hell, 1,5 kg Weizen hell
Hopfen	20–25 g Pellets, Typ 90 (bei 3% Alphasäure)
Bierhefe	7 g obergärige Trockenhefe
Wasserhärte	weich bis mittelhart

Brauvorgang

Hauptguss	8 l, 45 °C	Würzegehalt	11–12 %
Einmaischen	20 Min., 35–40 °C	Würze kochen	90 Min.
Eiweißrast	20 Min., 50–55 °C	Hopfenzugabe	3/4 vor Kochbeginn,
Maltoserast	30–40 Min., 65 °C		1/4 ca. 15 Min. vor
(Beta-Amylase)			Kochende
Verzuckerungsrast		Abkühlen	15 °C
(Alpha-Amylase)		Hauptgärung	obergärig, 3–5 Tage,
1. Verzuckerung	30 Min., 71 °C		15–20 °C
2. Verzuckerung	30 Min., 76 °C	Lagerzeit bis zur	
Nachguss	8–9 l	Trinkreife	3–4 Wochen

Weizenbier dunkel/obergärig

Zutaten

Braumalz (geschrotet)	1,5 kg Gerste hell, 1 kg Weizen dunkel, 125 g Weizenfarbmalz
Hopfen	30–35 g Pellets, Typ 90 (bei 3% Alphasäure)
Bierhefe	7 g obergärige Trockenhefe
Wasserhärte	weich bis mittelhart

Brauvorgang

Hauptguss	7–8 l, 45 °C	Würzegehalt	12–13 %
Einmaischen	20 Min., 35-40 °C	Würze kochen	100 Min.
Eiweißrast	20–30 Min., 50-55 °C	Hopfenzugabe	3/4 vor Kochbeginn,
Maltoserast	30–40 Min., 65 °C		1/4 ca. 15 Min. vor
(Beta-Amylase)			Kochende
Verzuckerungsrast		Abkühlen	15 °C
(Alpha-Amylase)		Hauptgärung	obergärig, 3–5 Tage,
1. Verzuckerung	30 Min., 71 °C		15–20 °C
2. Verzuckerung	10–20 Min., 76 °C	Lagerzeit bis	
Nachguss	9–10 l	zur Trinkreife	3–4 Wochen

Helles Vollbier Typ Pils/untergärig

Zutaten

Braumalz (geschrotet)	2 kg Gerste hell
Hopfen	40 g Pellets, Typ 90 (bei 3% Alphasäure)
Bierhefe	20–25 ml untergärige Pilsener Flüssighefe
Wasserhärte	sehr weich

Brauvorgang

Hauptguss	8 l, 40 °C	Würzegehalt	11–13 %
Einmaischen	20 Min., 35 °C	Würze kochen	90 Min.
Eiweißrast	15–20 Min., 50–52 °C	Hopfenzugabe	3/4 vor Kochbeginn,
Maltoserast	30–40 Min., 64 °C		1/4 ca. 5 Min. vor
(Beta-Amylase)			Kochende
Verzuckerungsrast		Abkühlen	6 °C
(Alpha-Amylase)		Hauptgärung	untergärig, 6–10 Tage,
1. Verzuckerung	30–40 Min., 72–75 °C		4–10 °C
2. Verzuckerung	15–30 Min., 75–76 °C	Lagerzeit bis	
Nachguss	6–7 l	zur Trinkreife	4–12 Wochen

Helles Vollbier Typ Export/untergärig

Zutaten

Braumalz (geschrotet)	2 kg Gerste hell oder mittel, 250 g Karamellmalz
Hopfen	35–40 g Pellets, Typ 90 (bei 3% Alphasäure)
Bierhefe	20–25 ml untergärige Pilsener Flüssighefe
Wasserhärte	sehr weich bis weich

Brauvorgang

Hauptguss	9–10 l, 55 °C	Würzegehalt	11–13 %
Einmaischen	20 Min., 50 °C	Würze kochen	90 Min.
Eiweißrast	15–20 Min., 50–52 °C	Hopfenzugabe	3/4 vor Kochbeginn,
Maltoserast	40–60 Min., 64 °C		1/4 ca. 5 Min. vor
(Beta-Amylase)			Kochende
Verzuckerungsrast		Abkühlen	6 °C
(Alpha-Amylase)		Hauptgärung	untergärig, 6–10 Tage,
1. Verzuckerung	40–60 Min., 72–75 °C		4–10 °C
2. Verzuckerung	15 Min., 75–76 °C	Lagerzeit bis	
Nachguss	7–8 l	zur Trinkreife	4–12 Wochen

Helles Starkbier Typ Bock/untergärig

Zutaten

Braumalz (geschrotet)	3 kg Gerste mittel, 250 g Karamellmalz
Hopfen	30-35 g Pellets, Typ 90 (bei 3% Alphasäure)
Bierhefe	7 g untergärige Trockenhefe
Wasserhärte	weich bis mittelhart

Brauvorgang

Hauptguss	8 l, 55 °C	Würzegehalt	16–17 %
Einmaischen	20 Min., 50 °C	Würze kochen	90 Min.
Eiweißrast	30 Min., 55 °C	Hopfenzugabe	3/4 vor Kochbeginn,
Maltoserast	60 Min., 64 °C		1/4 ca. 10 Min. vor
(Beta-Amylase)			Kochende
Verzuckerungsrast		Abkühlen	6 °C
(Alpha-Amylase)		Hauptgärung	untergärig, 6–10 Tage,
1. Verzuckerung	30–40 Min., 72–74 °C		4–10 °C
2. Verzuckerung	15–30 Min., 75–78 °C	Lagerzeit bis	
Nachguss	8–10 l	zur Trinkreife	8–16 Wochen

111

Braufehler

Mit selbst gebrautem Bier werden Sie normalerweise keine Probleme haben, soweit Sie sich hinsichtlich der Zutaten und der Arbeitsschritte in den acht Phasen der Bierbereitung an die Hinweise in diesem Buch gehalten haben. Manchmal kommt es jedoch vor, dass ein Bier trotzdem zu wenig oder zu viel Kohlensäure enthält, nicht den gewünschten Schaum besitzt, zu bitter ist, säuerlich schmeckt oder auch nicht gärt. Schütten Sie Ihr Bier aber deshalb nicht gleich weg, denn häufig kann der Fehler noch behoben werden. Bedenken Sie: Entstandene Brau- oder Gärfehler haben häufig mehrere Ursachen oder sind sogar kombiniert mit der Auswahl oder der Qualität der Braurohstoffe.

Die Übersicht ab Seite 113 zeigt die häufigsten Ursachen von Braufehlern beim Selberbrauen und Biermängeln sowie deren Vermeidung oder – soweit dies noch möglich ist – deren Beseitigung.

Wann ist Bier verdorben?

Ein möglicherweise während des Brauvorgangs durch Mikroorganismen infiziertes Bier führt zu keinen gesundheitlichen Schäden, denn krankheitserregende Keime können sich durch die Wirkung von Alkohol, Kohlensäure, Hopfenbitterstoffen, niedrigem pH-Wert und niedriger Lagertemperatur nicht entwickeln.

**BUTTERSÄURE-
BAKTERIEN**
Bei einem Befall mit den gefürchteten Buttersäurebakterien muss das verdorbene Bier in jedem Fall weggeschüttet werden.

Die einzige Möglichkeit einer echten Kontamination ist nur durch wilde Hefen oder durch Milch- oder Buttersäure bildende Bakterien möglich. Bei Befall mit Buttersäurebakterien ist das Bier auf keinen Fall mehr genießbar und muss weggeschüttet werden. Allerdings kommt ein solcher Befall nur äußerst selten vor und auch nur dann, wenn mit sehr unsauberen Geräten gearbeitet wurde. Selbst gebrautes Bier, das mit Buttersäurebakterien infiziert ist, lässt sich an einem ekelerregenden, penetrant säuerlichen Geruch erkennen.

Fehler/Mangel	Ursache	Vermeidung/Beseitigung des Fehlers
Kohlensäure Zu viel Kohlensäure	Hauptgärung war noch nicht abgeschlossen, es wurde mit zu hohem Restextrakt abgefüllt.	Mit geringem Restextrakt abfüllen. Genauere Spindelprobe machen, Schnellvergärungsprobe durchführen. Überdruck in den Flaschen vorsichtig entweichen lassen (mehrfach entlüften) und das Bier sehr kalt lagern.
	Würze oder Bier kamen mit Metallen in Berührung.	Keine Alu- oder andere Metalltöpfe und -geräte verwenden.
Zu wenig Kohlensäure	Hauptgärung wurde zu lange ausgedehnt, dadurch war zu wenig vergärbarer Restextrakt für die Nachgärung vorhanden.	Genauere Spindelprobe machen, Schnellvergärungsprobe durchführen. Zucker (max. 4 g/1 l Bier) und ggf. einige Körnchen untergärige Trockenhefe in die Flaschen bzw. den Nachgärungsbehälter geben und das Bier 2–3 Tage bei Zimmertemperatur, dann bei niedriger Temperatur lagern. Den Sud mit anderem Bier mit ausreichender Kohlensäure verschneiden.
	Beim Schlauchen ging zu viel Kohlensäure verloren.	Abfüllschlauch bis zum Flaschenboden einführen.
	Nachgärung zu früh bei sehr niedriger Temperatur.	Bier für die ersten Tage der Nachgärung bei Zimmertemperatur lagern.
	Nachgärung zu kurz oder zu warm.	Kältere und längere Nachgärung.
	Nachgärung mit zu viel Hefe.	Vor dem Schlauchen die Gärdecke abschöpfen. Beim Schlauchen das Gärgefäß nicht bewegen und weniger Bodensatz mitschlauchen.
	Flaschenverschluss/ Dichtgummi undicht.	Dichtgummis der Flaschen erneuern.
	Reinigungsmittelreste in der Flasche.	Flaschen gründlicher mit Wasser ausspülen.
Schaum Zu wenig Schaum oder Schaum nicht stabil	Siehe »zu wenig Kohlensäure«.	
	Eiweißgehalt des Gerstenmalzes zu gering.	Der Schüttung etwas Weizenmalz, Karamellmalz oder Röstgerste zugeben.
	Einmaischtemperatur war zu gering.	Einmaischtemperatur erhöhen.

Fehler/Mangel	Ursache	Vermeidung/Beseitigung des Fehlers
Schaum (Fortsetzung)	Eiweißrast war zu lang.	Eiweißrast verkürzen, ggf. Alpha-Amylase verlängern. Klarer abläutern.
	Hopfen war zu alt oder die Menge zu gering.	Qualitäts-Aromahopfen benutzen oder stärker hopfen. Zusätzliche Hopfengabe 10 Minuten vor dem Kochende der Würze.
	Würze wurde zu lange gekocht	Kochzeit genauer einhalten.
	Mangelhafte Heißtrubentfernung.	Heißtrub sorgfältiger ausschlagen (feinere Filter verwenden).
	Zu warme Hauptgärung.	Gärtemperatur einhalten.
	Träge Haupt- und Nachgärung.	Siehe »Gärung«.
	Bier wurde zu warm gelagert.	Bier kälter lagern und trinken.
Geruch und Geschmack	Bakterielle Infektion des Biers infolge mangelnder Desinfektion der Braugeräte und -gefäße.	Brauutensilien sorgfältig sterilisieren, nach dem Kochen keimfrei arbeiten. Bei Befall mit Buttersäure bildenden Bakterien ist das Bier völlig verdorben.
Fremdartig (z. B. säuerlich, blumig, gallig, ranzig)	Bakterielle Infektion infolge schleppender Angärung und zu warmer Gärtemperatur.	Hefemenge erhöhen. Trockenhefe früher aktivieren. Würze beim Kühlen und nach dem Anstellen gründlicher belüften. Gärtemperatur einhalten.
Hefig	Verzögerte Angärung oder träge Hauptgärung.	Siehe »Gärung«.
	Vorzeitig zum Stillstand gekommene Nachgärung.	Bier für die ersten Tage der Nachgärung bei Zimmertemperatur lagern.
	Zu warme Nachgärung.	Bier bei geringerer Temperatur lagern.
Hopfenbitter	Hopfenmenge war zu groß.	Hopfenmenge reduzieren oder weicheres Wasser verwenden. Bier länger lagern.
	Der Alphasäuregehalt des Hopfens wurde nicht berücksichtigt.	Hopfenmenge anhand der Alphasäure und der Bitterstoffeinheiten berechnen.
Gerbstoffbitter	Zu hartes Brauwasser.	Wasser enthärten.
	Zu langes Maischverfahren.	Maischzeiten- und -temperaturen genauer einhalten.
	Alter und/oder falsch gelagerter Hopfen.	Hopfen luftdicht und kalt lagern. Qualitäts-Aromahopfen verwenden.

Fehler/Mangel	Ursache	Vermeidung/Beseitigung des Fehlers
Eiweißbitter	Zu knappes Maischverfahren.	Maischzeiten und -temperaturen genauer einhalten.
	Ungenügende Würzekochung.	Kochzeit einhalten und Würze sprudelnd kochen.
	Mangelhafte Heißtrubabscheidung.	Feinere Filter verwenden.
Hefebitter	Träge Hauptgärung.	Siehe »Gärung«.
	Vorzeitig zum Stillstand gekommene Nachgärung.	Bier für die ersten Tage der Nachgärung bei Zimmertemperatur lagern.
Breite Bittere	Gärdecke durchgefallen oder untergewaschen.	Gärschaum vor dem Schlauchen abschöpfen.
Gärung Gestört	Hefegabe zu gering.	Hefemenge erhöhen.
	Hefe überaltert oder unbrauchbar.	Trockenhefe früher aktivieren. Frischhefe nicht überlagern, geöffnete Packung sofort verbrauchen. Mit Hefe steril arbeiten.
Verzögert, träge	Hefe infolge einer zu heißen Anstellwürze abgetötet.	Anstelltemperatur einhalten. Sud abfiltern, aufkochen, abkühlen und mit neuem Hefeansatz anstellen.
	Anstelltemperatur zu niedrig oder Gärtemperatur schwankte zu sehr.	Gärtemperatur konstant einhalten.
	Würze enthielt beim Anstellen und während der Gärung zu wenig Sauerstoff (kahle Stellen in der Gärdecke).	Würze beim Kühlen und Anstellen durch Rühren gründlich belüften. Gärfass nicht luftdicht verschließen.
	Würze enthielt zu viele Trübstoffe, die zu einer Beeinträchtigung der Gärung führen.	Heißtrub sorgfältiger ausschlagen (feinere Filter verwenden).
Biertrübung Hefetrübung	Zu viel Hefe mitgeschlaucht.	Beim Schlauchen das Gärgefäß nicht bewegen und weniger Bodensatz mitschlauchen. Lagerzeit verlängern.
Eiweißtrübung	Nachgusswasser zu heiß. Kochzeit zu kurz oder Abkühlphase zu lang.	Nachguss nicht über 78 °C erwärmen. Würze länger kochen und schneller abkühlen. Lagerzeit verlängern.
Kältetrübung	Unschädlich; verschwindet bei leichter Erwärmung des Biers.	

Bier-
sorten

Heute gibt es unzäh-
lige Biersorten und
-marken. Doch schon
die Babylonier um
200 v. Chr. hatten die
Wahl zwischen mehr
als zwanzig Biersorten.

Biergattungen und Stammwürzegehalt

Die Unterscheidung der Biere nach Biergattungen wurde durch das Biersteuergesetz bestimmt, das 1990 von der Bierverordnung abgelöst wurde. Nach dieser Verordnung wurden die Biere je nach Stammwürzegehalt in vier Steuerklassen eingeteilt; so genannte Lückenbiere zwischen den einzelnen Stammwürzebereichen waren von da an nicht mehr zulässig.

Die neue steuerliche Kennzeichnung nach Biergattungen wurde allerdings durch die Anpassung deutscher Vorschriften an die EG-Richtlinien 1993 wieder fallen gelassen. Geblieben ist die Kennzeichnung von Stammwürze (P) und Alkoholgehalt (in Volumenprozent) auf dem Etikett. Die Biersteuer wird seitdem pro Prozent Stammwürze erhoben, wobei alkoholfreie Biere generell steuerfrei sind.

Der Stammwürzegehalt, der mit der Bierwürzespindel (siehe Seite 81) gemessen wird, gibt das spezifische Gewicht der Würze vor dem Gärprozess in Prozent (relative Dichte) im Vergleich zu Wasser (= null Prozent) an. Beispielsweise enthält ein Bier mit einem Stammwürzegehalt von zwölf Prozent – so viel haben etwa die meisten Pils-Typen – pro 100 Gramm einen Anteil von zwölf Gramm gelöster Stoffe, der Rest (88 Gramm) ist Wasser. Mit dem Alkoholgehalt des Biers hat der Stammwürzegehalt allerdings nichts zu tun, weil die noch unvergorene und bis zu diesem Zeitpunkt vollständig alkoholfreie Anstellwürze gemessen wird. Sie besteht aus Wasser, vergärbarem Malzzucker und einigen unvergärbaren Stoffen, dazu gehören etwa Eiweißstoffe, Vitamine, Mineralien oder Aromastoffe. Erst wenn die Hefe zur Anstellwürze gegeben wird (siehe Seite 91), kann die Vergärung des Zuckers und die Bildung von Alkohol und Kohlensäure stattfinden. Bei der Vergärung wird der Extraktgehalt des vergärbaren Zuckers entsprechend abgebaut.

STAMMWÜRZE-GEHALT

Der Stammwürzegehalt bezeichnet das spezifische Gewicht der Würze vor dem Gären und wird in Prozent ausgedrückt.

Der Anteil von vergärbarem Zucker und unvergärbaren Stoffen in der Bierwürze wird durch die Art des Brauprozesses entschieden. Beispielsweise hat ein Bier mit einem ursprünglichen Stammwürzegehalt von zwölf Prozent nach dem Gärprozess nur noch ungefähr drei bis vier Prozent Restextraktgehalt, und der vergärbare Zucker ist in einen Alkoholgehalt von etwa vier Gewichtsprozent (vier bis fünf Volumenprozent) sowie in Kohlensäure umgewandelt worden. In der Regel macht der Alkoholgehalt eines Biers nach Abschluss der Gärung etwa ein Drittel bis zwei Fünftel des ursprünglichen Stammwürzegehalts der Anstellwürze aus.

Bierarten und Hefe

OBERGÄRIGES BIER
Weil obergäriges Bier eine Gärtemperatur von 15 bis 23 °C benötigt, konnte es schon immer unabhängig von den Jahreszeiten gebraut werden.

Man unterscheidet je nach Art der verwendeten Bierhefe zwischen obergärigem und untergärigem Bier. Zu den obergärigen Bieren gehören Altbier, Kölsch, Weizenbier und Malzbier. Bei der Herstellung dieser Biere wird eine Heferasse verwendet, die sich während der Gärung an der Oberfläche des Jungbiers absetzt, da sie Sprossverbände oder Zellklumpen bildet, die von den Kohlensäurebläschen nach oben getrieben werden und nach der Gärung in einzelne Zellen zerfallen. Diese Hefe entwickelt ihre beste Wirkung bei einer Gärtemperatur von 15 bis 23 °C, so dass obergäriges Bier, im Gegensatz zum untergärigen Bier, schon immer während des ganzen Jahres gebraut werden konnte.

Der größte Teil unserer Biere, wie Pils, Export, Bock und Märzen, ist allerdings untergärig. Sie haben einen Marktanteil von fast 85 Prozent. Untergärige Hefearten bilden keine Sprossverbände, sondern liegen fast ausschließlich als einzelne Zellen oder Zellpaare vor. Sie arbeiten bei Gärtemperaturen von 4 bis 12 °C und setzen sich während der Gärung am Boden des Gärbehälters ab. Da man untergäriges Bier vor Erfindung der Kältemaschine 1873 nur in der kalten Jahreszeit brauen konnte, galt es als Winterbier. Untergäriges Bier ist meist stärker durchgoren und lässt sich etwas länger lagern als obergärige Sorten.

Biertypen und Biersorten

Die verschiedenen Biersorten wurden nach den Städten benannt, in denen sie einst entwickelt worden sind: Dortmund, München, Pilsen oder Wien. Die Unterschiede wurden früher im Wesentlichen bestimmt von den örtlichen Wasserverhältnissen, den lokalen Gerstensorten, der verwendeten Hopfenart und -menge, der Bittere, dem Vergärungsgrad und den traditionellen Malz- und Maischeverfahren, die auf die jeweilige Wasserhärte abgestimmt waren. Dortmund hatte hartes, München mittelhartes und Pilsen sehr weiches Wasser. Während die kohlensauren Salze im Münchner Wasser dominierten, bestimmten die schwefelsauren Salze das Dortmunder Wasser, und dass der Mineraliengehalt die chemischen Abläufe beim Gärprozess beeinflusste, konnte man deutlich schmecken. Heute spielt die Unterscheidung nach Biertypen allerdings keine große Rolle mehr, weil überall vorwiegend Pilsener gebraut wird, und eigentlich lebt nur noch die Malzbezeichnung weiter: Münchner Malz für dunkle Biere (Münchner, Kulmbacher), mittelfarbiges Wiener Malz für kupferfarbene Märzenbiere und Wiener Bier, helles Malz für Biere nach Pilsener Art und helles Dortmunder oder Münchner Bier.

Untergärige Sorten

Die Vielfalt unserer Biersorten und -marken ist riesig. Allein in Deutschland gibt es schätzungsweise 5.000 bis 6.000 verschiedene Erzeugnisse. Die wichtigsten untergärigen Biersorten sind Pils, Export, Lager, Bockbier und Märzen. Mit einem Marktanteil von etwa 64 Prozent gehört das Pils, ein Abkömmling des bekannten Pilsener Urquells aus der böhmischen Stadt Pilsen, zu den beliebtesten untergärigen Bieren. Es muss nach dem neuen Biergesetz mindestens elf Prozent Stammwürzegehalt haben. Beim Exportbier (Marktanteil neun Prozent) handelt es sich um eine Biersorte, die sich schon früher einfach transportieren ließ, ohne dabei Schaden zu nehmen. Der Name »Export« hat

MÄRZEN

Auf dem Münchner Oktoberfest und dem Cannstatter Volksfest wird vor allem Märzen getrunken, ein Bier, das früher im März gebraut wurde. Dieser Monat bot vor Erfindung der Kältemaschine die letzte Möglichkeit, vor der wärmeren Jahreszeit noch ein untergäriges Bier herzustellen.

LAGERBIER
Im Ausland heißen
alle deutschen
untergärigen Biere
»Lager«. Lagerbier
konnte meist wegen
der fehlenden Küh-
lungsmöglichkeiten
nur im Frühjahr ge-
braut werden.

sich gehalten, obwohl dieses Bier heute kaum noch exportiert wird. Sein Stammwürzegehalt muss nach dem neuen Biergesetz mindestens zwölf Prozent betragen. Das Lagerbier (Marktanteil fünf Prozent) wurde früher besonders im zeitigen Frühjahr gebraut und musste bis zum Herbst halten, weil wegen fehlender Kühlmöglichkeiten im Sommer kein untergäriges Bier hergestellt werden konnte. Es lagerte oft mehrere Monate vor dem Ausschank im Keller. Heutige Lagerbiere sind weniger stark gehopft und müssen einen Stammwürzegehalt von mindestens zehn Prozent haben. Zu den Starkbieren gehören die Bockbiere. Ihr Stammwürzegehalt muss mindestens 16 Prozent, der Alkoholgehalt über fünf Prozent betragen. Daneben gibt es noch untergärige Spezialbiere (Mindeststammwürzegehalt 13 Prozent), die für besondere Feste gebraut werden.

Obergärige Sorten

Zu den bekanntesten obergärigen Biersorten gehören Alt, Kölsch, Weiße, Weizenbier, Weizenbock und Malzbier. Das besonders in Nordrhein-Westfalen populäre Altbier (Marktanteil drei Prozent) ist immer dunkel, recht stark gehopft und bildet einen sahnigen Schaum. Der Name »Altbier« erinnert noch heute an die ursprüngliche obergärige Braumethode. Das Kölsch (Marktanteil 2,4 Prozent), das nur im Raum Köln von zwei Dutzend Brauern hergestellt werden darf, ist dem Altbier sehr ähnlich. Es ist aber immer hell und schmeckt herber als andere obergärige Biere. Zum Weizen- oder Weißbier (Marktanteil fünf Prozent) gibt es eine kurfürstlich-bayerische Verordnung aus dem Jahre 1803, in der es heißt, dieses Bier solle »stark perlen und hoch schäumen; es muss die dem Hopfen eigene Bitterkeit mit sich führen, auf dem Gaumen eine kühlende und erquickende Empfindung erregen, und der kitzelnde Geschmack desselben muss sich auch dem Geruch mitteilen«. Die wichtigsten Unterscheidungsmerkmale der deutschen Biersorten nach Stammwürze- und Alkoholgehalt sowie nach geschmacklichen Besonderheiten finden Sie in nachfolgender Übersicht.

Bier-gattung, Biersorte	Stamm-würzege-halt in %	Bierart unter gärig	Bierart ober gärig	Alkohol-gehalt in %	Kennzeichen, Geschmack, Besonderheiten
Einfach-bier	2–5,5	x	x	0,5–1,5	Hell oder dunkel, schwach, dünn, ohne ausgeprägten Charakter
Schankbier	7–11			0,5–3	
Malzbier/ Malztrunk	7		x	0,5–1,5	Dunkel, vollmundig, malzaromatisch, süß (ohne Zuckerzusatz nur in Bayern und Baden-Württemberg)
Berliner Weiße	7–8		x	2,6–3,25	Hell, leicht trüb, schwach gehopft, viel Kohlensäure; hergestellt aus 2/3 Gersten- und 1/3 Weizenmalz sowie natürlichen Milchsäurebakterien. Zur Abschwächung der Säure trinkt man die Weiße mit etwas Himbeer- oder Waldmeistersirup.
Alkoholfreies Bier	7,5	x		max. 0,5	Hell, kein ausgeprägter Charakter
Alkoholarmes Bier	7,5	x		max. 1,5	Hell, spritzig, schwach bis betont hopfenbitter, im Vergleich zu Vollbier mit normalem Alkoholgehalt weniger aromatisch und vollmundig
Vollbier	11–16			3–5	
Dortmunder Typ	12,5–13	x		4,2	Goldgelb, vollmundig, weniger stark gehopft als Pils; auf hartes Wasser abgestimmt
Münchner Typ	13,5–15	x		3,5–4	Hell oder dunkel, leicht, wenig bitter; auf mittelhartes Wasser abgestimmt
Pilsener Typ	11–12	x		3,2–4	Sehr hell, herb, spritzig, überwiegend betonter Hopfengeschmack; auf sehr weiches Wasser abgestimmt; beliebtester Biertyp in Deutschland
Pils	11–12,5 mind. 11	x		3,5–4	Hell bis sehr hell, herb, spritzig, betonte Bittere, sehr feines Hopfenaroma

Bier- gattung, Biersorte	Stamm- würzege- halt in %	Bierart unter|ober gärig|gärig		Alkohol- gehalt in %	Kennzeichen, Geschmack, Besonderheiten
Lager	10–12,5 mind. 10	x		3,3–4	Hell oder dunkel, nicht sehr hopfen- bitter
Export Dort- munder Art	12–13 mind. 12	x		4,2	Hell, vollmundig, hopfenbitter, weniger herb als Pils; das verbreitetste Exportbier
Export Münchner Typ	mind. 12	x		4	Hell oder dunkel, vollmundig, malzaromatisch, relativ schwache Hopfenbittere
Märzen	13–14 mind. 13	x		3,8–5	Tief goldfarben oder sattelgelb, vollmundig, betont malzaromatisch, milde Bittere; vorwiegend im Aus- schank bei Bierfesten
Malzbier	12–13		x	0,5–1,5	Dunkel, vollmundig, malzaromatisch, süß (ohne Zuckerzusatz nur in Bayern und Baden-Württemberg)
Weizen (Weißbier)	11–13		x	4–5	Hell oder dunkel, weizenmalz- aromatisch, schwach hopfenbitter, feine Säure, viel Kohlensäure, mäßig bis sehr vollmundig, klar oder hefetrüb (Kristall- oder Hefeweizen); Weizen- und Gerstenmalz im Verhältnis 1 : 2 bis 2 : 1
Exportweizen	12,5–14 mind.12,5		x	4	Hell, malzaromatisch und schwach hopfenbitter, viel Kohlensäure
Alt	11,2–12		x	3,5–3,9	Meist dunkel, kupferfarben bis rot, aromatisch, betont hopfenbitter; in Deutschland das meistgetrunkene obergärige Bier
Kölsch	11,2–11,8		x	3,5–3,9	Hell, aromatisch, fein oder betont hopfenbitter, vollmundig. Die Herstellung ist auf den Raum Köln beschränkt.

Bier- gattung, Biersorte	Stamm- würzege- halt in %	Bierart unter|ober gärig | gärig		Alkohol- gehalt in %	Kennzeichen, Geschmack, Besonderheiten
Diätbier	11–11,3	x		3,7–4,8	Hell, betont hopfenbitter, verringerter Kohlenhydratgehalt, dafür oft mehr Alkohol
Spezial	13–14	x		4–4,3	Hell, nicht sehr hopfenbitter; Zusatz-bezeichnung für Vollbiere mit über 13% Stammwürze (z. B. Märzen-Spezial); typisches Festbier, große Ähnlichkeit mit Export Münchner Art
Rauchbier	13,5	x		4–4,5	Meist ungespundet, dunkel bis sehr dunkel, malzaromatisch, herbwürzig, Rauchgeschmack; ein Bamberger Regionaltyp
Starkbier Bock	16–18 mind. 16	x		5–5,5	Hell oder dunkel, sehr vollmundig, malzaromatisch, klar oder hefetrüb
Maibock	mind. 16	x			Dunkel, vollmundig, malzaromatisch; Ausschank besonders im Mai, vor allem in München
Weizenbock	16–17 mind. 16		x	5–5,5	Hell oder dunkel, malzaromatisch, schwach hopfenbitter, klar oder hefetrüb
Doppelbock	18–19 mind. 18	x		5,7–6,5	Hell oder dunkel, sehr voll-mundig, ausgeprägt malzaromatisch, klar oder hefetrüb
Weizen-doppelbock	18–19		x	5,7–7,5	Hell oder dunkel, ausgeprägt malzaromatisch, schwach hopfenbitter, klar oder hefetrüb
Eisbock	28	x		8–9	Dunkel, sehr malzaromatisch, süß. Der Kulmbacher »Kulminator« soll das stärkste Bier der Welt sein.

Weitere Sorten: Steinbier, Leipziger Gose, Dampfbier, Roggenbier (obergärig). Zwickelpils, Kellerbier, Schwarzbier (untergärig).

Die Biersteuer

Im Mittelalter zog der regierende Adel das Braurecht als Mittel zur Erhebung von Steuern an sich, und einige Adelsfamilien besitzen noch heute Brauereien. Die erste bei uns bekannte Biersteuer war die »Grutabgabe«, die bereits im 9. oder 10. Jahrhundert auf die Bierwürze erhoben wurde. Eine regelrechte Biersteuer führte die Stadt Ulm im Jahre 1220 ein. Später folgten auch andere Städte oder Machthaber diesem Beispiel.

Unsere heutige Biersteuer ist die vorerst letzte Ausprägung dieses staatlichen Mittels, mit dem »Hopfensaft« die Staatskassen zu füllen, und der Bundesfinanzminister nimmt damit jährlich immerhin fast 2 Mrd. DM ein. Die in England erheblich stärker ausgeprägte Beliebtheit des Selberbrauens hat übrigens ihre Ursache vor allem auch darin, dass dort ein großer Teil des Bierpreises durch die staatliche Steuer bestimmt wird.

Steueranmeldung und Steuererklärung

In Deutschland wird die Besteuerung des Biers im Biersteuergesetz von 1993 und in der Biersteuerdurchführungsverordnung von 1994 geregelt. Für Sie als Hobbybrauer sind besonders folgende Bestimmungen wichtig:

● Vor der Herstellung von selbst gebrautem Bier müssen Sie zuerst das zuständige Hauptzollamt informieren, denn als Hobbybrauer unterliegen Sie der Steueraufsicht. Eine formlose Brauanzeige mit Angabe von Name, Anschrift, der beabsichtigten Biermenge und des Stammwürzegehalts reicht aus.

● Wenn Sie weniger als 200 Liter Bier pro Jahr herstellen und dieses Bier ausschließlich zum eigenen Verbrauch bestimmt ist, das heißt, wenn Sie es nicht an andere verkaufen, sind Sie von der Biersteuer befreit.

GRENZWERT 200 LITER
Wenn Sie jährlich weniger als 200 Liter Bier für den Eigenverbrauch selbst herstellen, sind Sie von der Biersteuer befreit.

● Wenn Sie jährlich mehr als 200 Liter Bier für den eigenen Bedarf brauen, müssen Sie dagegen beim Hauptzollamt eine Biersteuererklärung abgeben, und zwar spätestens am siebten Tag nach Ablauf des Monats, in dem das Bier gebraut wurde. Hierfür halten die Hauptzollämter entsprechende Formulare bereit.

Wie viel Steuern müssen Sie zahlen?

Die Höhe der abzuführenden Steuer hängt vom Stammwürzegehalt des Biers ab. Sie beträgt nach Paragraph 2 des Biersteuergesetzes für je einen Hektoliter Bier 0,77 DM pro Grad Plato, soweit nicht mehr als 5.000 Hektoliter pro Jahr erzeugt werden. »Grad Plato ist der Stammwürzegehalt des Biers in Gramm je 100 Gramm Bier, wie er sich nach der großen Ballingschen Formel aus dem im Bier vorhandenen Alkohol- und Extraktgehalt errechnet«, erklärt es das Biersteuergesetz.

Sie können sich die Biersteuer nach dem Stammwürzegehalt und der gebrauten Biermenge leicht selbst ausrechnen. Für 20 Liter Bier mit einem Stammwürzegehalt von zwölf Prozent müssen beispielsweise 1,85 DM an Steuern bezahlt werden (0,2 hl x 12% Stammwürze x 0,77 DM = 1,85 DM).

FORMULARE
Die Formulare für die Biersteuererklärung sind bei Ihrem zuständigen Hauptzollamt erhältlich. Die Höhe der Steuer richtet sich nach dem Stammwürzegehalt.

Das Zunftzeichen der Bierbrauer von 1468.

Mit Bier kochen

Bier ist ein besonders nahrhaftes und wertvolles Lebensmittel. Nicht umsonst wurde einst auch in der Medizin ein kräftigendes Bier verordnet.

Das Lebensmittel Bier

Bier gilt immer noch als »Dickmacher«, doch das ist ein Vorurteil. Hintergrund für diese häufig anzutreffende Meinung ist die Tatsache, dass die im Bier enthaltenen Stoffe, besonders Alkohol, Kohlensäure und Hopfenbitterstoffe, eine Steigerung der Magensekretion bewirken, wodurch die Verdauung günstig beeinflusst und der Appetit angeregt wird. Dies verführt manchen Biergenießer dazu, ein üppigeres Abendbrot zu sich zu nehmen, als er eigentlich benötigt.

Zum Vergleich: Ein Liter Pils etwa bringt lediglich 428 Kalorien (kcal) auf die Waage und ist damit weniger »gewichtig« als beispielsweise die vergleichbare Menge Orangensaft oder Milch. Nur Mineralwasser, Tee und Kaffee sind weniger kalorienhaltig als die meisten Biere.

KALORIEN
Bier regt zwar den Appetit an, ist aber hinsichtlich seiner Kalorien kein »Dickmacher«, wie viele fälschlicherweise behaupten.

Bier im Vergleich zu anderen Getränken

Ein Liter des jeweiligen Getränks enthält:	Kilo-Joule (kJ)	Kalorien (kcal)
Alkoholfreies Bier	1160	276
Malzbier (ohne Zuckerzusatz)	1500	360
Diätbier, Altbier	1720	412
Lagerbier	1760	420
Pils	1800	428
Export, Märzen	1920	460
Bockbier	2520	600
Doppelbock	2760	660
Kaffee (mit Milch und Zucker)	1680	400
Apfelsaft	1960	468
Orangensaft	2000	480
Vollmilch	2540	608
Traubensaft	3100	740
Rotwein (Burgunder), Sekt	3360	800
Milchkakao	4180	1000

Bier ist gesund

Bier schmeckt nicht nur gut, sondern ist auch gesund, denn es enthält wie kein anderes Genussmittel viele wichtige Vitamine, Spurenelemente und Säuren. So wurde Bier schon sehr früh von altägyptischen Medizinern als Stärkungsmittel verwendet. Heutzutage wird es von einigen Ärzten und Sportmedizinern als Aufbaumittel empfohlen, weil es einen relativ hohen Nährwert hat. Zudem ist Bier leicht verdaulich, da die in ihm enthaltenen Nährstoffe durch den Brauprozess gelöst und dadurch besser resorbierbar sind. Das Brauen wirkt sozusagen wie eine »Vorverdauung«.

WICHTIGE NÄHRSTOFFE

Bier enthält wichtige Nährstoffe in einer sehr ausgewogenen Zusammensetzung. In Maßen getrunken, baut es Stress ab, erweitert die Gefäße und regt die Darm-, Insulin-, Nieren- und Gallenfunktion sowie die Blutzirkulation an.

Die Inhaltsstoffe von Bier

Ein Liter Vollbier enthält durchschnittlich folgende Grundsubstanzen:

Wasser	840–920 g	- Kupfer	0,1 mg
Alkohol	35–43 g	- Mangan	0,15 mg
Kohlenhydrate	29–40 g	- Zink	0,05 mg
Kohlensäure	4–5,5 g	- Aluminium	0,2 mg
Eiweiß	3–5 g	Glycerin	1,2–1,6 g
Mineralstoffe und		Stickstoffver-	
Spurenelemente	1,4–1,8 g	bindungen	700–800 mg
- Kalium	550 mg	- koagulierbarer	
- Natrium	40–50 mg	Stickstoff	15–25 mg
- Kalzium	15–50 mg	- Alpha-Aminostick-	
- Magnesium	100 mg	stoff	80–150 mg
- Sulfat	30–250 mg	- Prolin-N	60–100 mg
- Chlorid	100–200 mg	- biogene Amine	8–30 mg
- Silikat	20–60 mg	Organische Säuren	300–400 mg
- Phosphat	370–490 mg	Gerbstoffe	150–200 mg
- Nitrat	5–25 mg	Bitterstoffe	12–50 mg
- Eisen	0,1 mg	B-Vitamine	10,5 mg

Sicherlich muss nicht besonders erklärt werden, dass Getreide viele ernährungsphysiologisch wichtige Verbindungen enthält, die in das Bier übergehen und beim Mälzen noch vorteilhaft verändert werden. Die Wirkstoffe des Hopfens sind im fertigen Bier zwar nur noch in geringen Spuren nachweisbar, aber ihre beruhigenden Eigenschaften kommen dennoch zum Tragen.

Neben dem Gerstenmalz ist besonders die Bierhefe die gehaltreichste Quelle für B-Vitamine, die im Körper u. a. für Konzentrationsfähigkeit, Kreislaufstabilisierung, Blutreinigung, die Bildung roter Blutkörperchen und den Stoffwechsel sorgen sowie den Hormonhaushalt positiv beeinflussen. Ebenso wie bei jedem anderen Lebensmittel bestimmt auch beim Bierkonsum das richtige Maß den positiven Gesundheitsaspekt. Unmäßiger Alkoholkonsum ist bekanntermaßen schädlich.

»FLÜSSIGE VITAMINE«

Obwohl der Vitamingehalt von Bier höher ist als mancher denkt, sollten Sie dennoch nicht auf frisches Obst und Gemüse verzichten.

Der Vitamingehalt von Bier

Ein Liter Vollbier enthält durchschnittlich folgende Vitamine	Wichtige Funktionen dieser Vitamine für den Menschen	Benötigter Tagesbedarf
B$_1$ 0,04 mg (Thiamin, Aneurin)	Nervenzellen, Muskeln, Eiweiß- und Kohlenhydratstoffwechsel, Appetit, Verdauung	1,0–1,7 mg
B$_2$ 0,3–0,4 mg (Riboflavin, Laktoflavin)	Eiweiß-, Fett-, Kohlenhydratstoffwechsel, Zellwachstum, Blutfarbstoffbildung	1,5–2,3 mg
B$_3$ 0,9–1,5 mg (Pantothensäure)	Haut, Haar, Mund, Augen Endabbau von Eiweiß, Kohlenhydraten und Fetten, Hormonbildung, Gewebewachstum, Magen, Darm, Haut, Muskeln	3–14 mg
B$_6$ 0,5-0,8 mg (Pyridoxin, Adermin)	Eiweißstoffwechsel, Blutbildung, Nervensystem, Muskeln, Gewebshormone	1,6–2,2 mg
B$_{12}$ (Cyano-Kobalamin)	Zellaufbau, Blutbildung, Magenschleimhaut, Nervengewebe, Haut, Kohlenhydrat- und Eiweißstoffwechsel	0,03–0,05 mg
H 0,01 mg (Biotin)	Eiweiß-, Fett- und Kohlenhydratstoffwechsel, Appetit, Darmflora, Haut, Haare, Nerven, Muskeln, Schleimhäute, Wachstum	0,03–0,1 mg
PP 6,3–8,8 mg (Niacin, Niacinamid)	Energieumsatz im Körper, Herz, zentrales Nervensystem, Blutgefäße, Zellatmung, Kohlenhydrat- und Fettstoffwechsel, Wachstum, Haut, Magen, Darm, Schlaf	15–25 mg
Folsäure 0,8 mg	Bildung roter Blutzellen, Zellwachstum und -teilung, Schleimhaut, Verdauung	0,3–0,45 mg
Cholin ca. 200 mg	Leber, Fettsäure vorbeugend	ca. 500 mg

Köstliche Gerichte mit Bier

Bier eignet sich nicht nur zum Trinken, sondern auch vorzüglich zum Kochen – in vielen deutschen Regionalküchen gibt es eine Reihe von Gerichten, die traditionell mit Bier zubereitet werden. Bier ist darüber hinaus auch der veredelnde Begleiter vieler anspruchsvoller Speisen in der gehobenen Gastronomie.

Um den Genuss Ihres selbst gebrauten Biers noch zu erhöhen, stelle ich eine Reihe ausgewählter Kochrezepte vor, die eine Bereicherung sowohl Ihrer Alltags- als auch Ihrer Festtagsküche sein werden. Laden Sie doch einmal Gäste ein und servieren Sie eines der folgenden Gerichte, das Sie mit Ihrem selbst gebrauten Bier zubereitet haben! Womöglich finden sich sogleich neue Anhänger für die Hobbybrauerei.

EINFACH ODER RAFFINIERT
Mit Bier lassen sich einfache, aber auch raffinierte Gerichte von der Suppe bis zur Nachspeise zubereiten.

DRAWEHNER BIERSUPPE

Für 4 Portionen

300 g Roggen- oder Weizenbrot
3–4 Äpfel
1 l dunkles, obergäriges Bier
1–2 Stangen Zimt
1 unbehandelte Zitrone
1 Prise Salz
250 g Zucker
200 g Rosinen
2 Eier

Zubereitung

1 Das Brot klein schneiden, in etwas Wasser weich kochen und durch ein Sieb in einen Topf streichen. Die Äpfel schälen, entkernen und in Scheiben schneiden.

2 Bier, Zimt, Zitronensaft und -schale, Salz, 50 Gramm Zucker, Rosinen und Apfelscheiben zum Brot geben. Alles erhitzen (aber nicht kochen) und 15 Minuten ziehen lassen.

3 Die Eier trennen. Die Eigelbe mit einigen Löffeln Suppe in einer Tasse verquirlen und in die Suppe rühren.

4 Das Eiweiß mit dem restlichen Zucker sehr steif schlagen. Mit einem Teelöffel kleine Häufchen abstechen, auf die Suppe setzen und ziehen lassen.

KOREITZENS BIERSUPPE

Für 4 Portionen

1/2 l Milch
60 g Sago oder Stärkemehl
3 EL Zucker
2 EL Sirup
1/2 l Bier
2 Eier
3 TL Zimt

Zubereitung

1 Die Milch aufkochen, den Sago einrühren und etwa 15 Minuten ziehen lassen.

2 Zucker, Sirup und das Bier zufügen und kurz aufkochen lassen.

3 Die Eier trennen. Die Eigelbe mit einigen Löffeln Suppe in einer Tasse verrühren und in die Suppe geben. Die Suppe nicht mehr kochen lassen.

4 Das Eiweiß sehr steif schlagen. Mit einem Teelöffel kleine Häufchen abstechen und auf die Suppe setzen.

5 Die Eischneeklößchen mit Zimt bestreuen und alles im geschlossenen Topf 5 Minuten ziehen lassen.

Tipp

Diese Biersuppe schmeckt sowohl warm als auch kalt sehr gut.

SAGO

Sago ist ein aus dem Mark der Sagopalme gewonnenes feinkörniges Stärkemehl, das zum Andicken verwendet wird.

SIELEITZER BIERSCHINKEN

Für 4 Portionen

1 kg geräucherter Schinken
Öl
3 Zwiebeln
1 l dunkles Bier
30 g Butter
35 g Mehl
Salz, Peffer
Kümmel

Zubereitung

1 Den Schinken in eine geölte Bratenform geben, mit den geschnittenen Zwiebelringen belegen, das Bier darüber gießen und bei 220 °C etwa 2 Stunden im Backofen garen. Den Schinken dabei immer wieder mit dem Bier begießen, damit er schön saftig bleibt.

2 Den Bratensaft durch ein Sieb geben und eventuell mit etwas kochendem Wasser aufgießen.

3 Das Mehl in der Butter anbräunen und den Bratensaft einrühren. Die Sauce kurz aufkochen und mit den Gewürzen abschmecken.

WENDLÄNDISCHE BIERKARBONADEN VOM RIND

Für 4 Portionen

750 g Rindfleisch aus dem hinteren Rippenstück
Salz, Pfeffer
2–3 EL Schweineschmalz
4–5 Zwiebeln
30 g Mehl
1/2 l Bier
1/2 l Fleischbrühe
1 TL Essig
1 Prise Zucker
1/2 Bund Petersilie
3 Stängel Thymian
2 Lorbeerblätter

Zubereitung

1 Das Fleisch waschen, trockentupfen, von Sehnen und Fett befreien und in etwa 50 Gramm schwere Stücke schneiden. Mit Salz und Pfeffer würzen und im Schmalz zusammen mit den in Scheiben geschnittenen Zwiebeln anbraten. Fleisch und Zwiebeln aus dem Schmalz nehmen und beiseite stellen.

2 Das Mehl im Schmalz unter ständigem Rühren hellbraun anschwitzen und mit dem Bier und der Fleischbrühe ablöschen. Die Sauce mit Salz, Pfeffer, Essig und Zucker würzen und 15 Minuten kochen.

3 Fleisch und Zwiebeln in einen feuerfesten Topf legen, die gewaschenen Kräuterzweige und den Lorbeer zufügen, die Sauce durch ein Sieb darüber gießen und alles im Backofen bei 160 °C etwa 3 Stunden garen.

Als Beilage schmecken Salzkartoffeln und glasierte Karottenscheiben.

TEMPERATUR

Wenn Sie mit Gas kochen, wählen Sie Gasstufe eins bis zwei. Bei einem Umlufther herd genügen 140 °C, damit der Braten schön zart wird.

Dieser Braten wird durch das Bier in der Sauce besonders zart und fein.

HEIDSCHNUCKEN-LAMMRÜCKEN NACH SATKAUER ART

Für 6 bis 8 Portionen

Beize:

1 Bund Suppengrün
2 Zwiebeln
1/4 l Wasser
1/2 TL Salz
3 Wacholderbeeren
3 Pimentkörner
6 Pfefferkörner
1 Lorbeerblatt
1/2 TL Thymian
1/4 l dunkles Bockbier

Braten:

1 Heidschnuckenrücken (1,8–2,1 kg)
Salz
schwarzer Pfeffer aus der Mühle
Rosmarin
Thymian
1 zerdrückte Knoblauchzehe
2 EL Olivenöl
1–2 Zwiebeln
1–2 Tomaten

Streichmasse:

1 Knoblauchzehe
3 EL Paniermehl
Salz, Pfeffer
2 EL gehackte Petersilie
4 EL Olivenöl

Zubereitung

1 Für die Beize das Suppengrün klein schneiden. Die Zwiebeln abziehen und grob würfeln. Suppengrün und Zwiebelwürfel in einem Topf mit ¼ Liter Wasser zum Kochen bringen. Salz, Wacholderbeeren, Piment- und Pfefferkörner, das Lorbeerblatt, Thymian und Bier zufügen. Die Beize 30 Minuten kochen und abkühlen lassen.

2 Das Fleisch waschen, trocken tupfen und in der Beize zugedeckt 24 Stunden kühl stellen, dabei öfter wenden.

3 Das Fleisch aus der Beize nehmen, trockentupfen und mit Salz, Pfeffer, Rosmarin, Thymian und Knoblauch einreiben. Das Olivenöl erhitzen und das Fleisch darin anbraten. Die Zwiebeln und die Tomaten schälen bzw. waschen, klein schneiden und zufügen.

4 Für die Streichmasse den Knoblauch abziehen, zerdrücken und mit dem Paniermehl, Salz, Pfeffer, Petersilie und dem Olivenöl verrühren. Die Masse auf das Fleisch streichen und den Braten je nach Größe 50 bis 60 Minuten zugedeckt auf kleiner Flamme schmoren.

Dazu schmecken Bratkartoffeln mit Petersilie, feine Butterbohnen im Speckmantel und Grilltomaten.

HEIDSCHNUCKEN

Die Heidschnucke ist eine Landschafrasse aus der Lüneburger Heide. Ihr wildbretartiges Fleisch schmeckt besonders aromatisch und gilt als Delikatesse.

COQ À LA BIÈRE

Für 4 Portionen

1 Hähnchen (1,3 kg)	
80 g Butter	
150 g durchwachsener Speck	
2 Zwiebeln	
1/2 l untergäriges Bier	
2 Knoblauchzehen	
Salz	
schwarzer Pfeffer	
gehackte Petersilie	
250 g frische Champignons	
100 g Crème fraîche	
1 Eigelb	

Zubereitung

1 Das Hähnchen grob zerteilen und in der Butter anbraten. Das Fleisch abkühlen lassen, von den Knochen lösen und in mundgerechte Stücke schneiden.

2 Den Speck würfeln, die Zwiebeln schälen und klein schneiden und beides in einem Topf anbraten. Das Fleisch dazugeben, mit Bier ablöschen und mit dem geschälten und zerdrückten Knoblauch, Salz, Pfeffer und Petersilie fertig garen.

3 Die Pilze putzen, in Scheiben schneiden und 5 Minuten vor Ende der Garzeit zufügen. Die Crème fraîche mit dem Eigelb verquirlen, unterrühren und alles nochmals erhitzen, aber nicht mehr kochen.

BEILAGEN
Zu diesem Gericht schmeckt ein Gemüsereis, oder Sie servieren Pommes frites und einen knackigen Salat dazu.

FORELLE IN BIER

Für 4 Portionen

2 Zwiebeln	
1 l Bier	
1/2 l Wasser	
2 Lorbeerblätter	
4 Gewürznelken	
4 Wacholderbeeren	
8 Pfefferkörner	
4 Forellen	

Zubereitung

1 Die Zwiebeln schälen und in Ringe schneiden. Zwiebelringe und Gewürze in einem Topf zusammen mit dem Bier und dem Wasser zum Kochen bringen und den Sud 15 Minuten ziehen lassen.

2 Die Forellen unter kaltem Wasser abspülen und je nach Größe etwa 15 Minuten in dem Sud bei kleiner Hitze gar ziehen lassen.

Dazu schmecken Dillkartoffeln mit Butter und ein grüner Salat.

ÄPFEL IN BIERTEIG

Für 4 Portionen

250 g Mehl
1 EL Öl
1/4 l Bier
1 EL Calvados
3 Eier
4 Boskop-Äpfel
Butter
Zucker
Zimt
Vanillesauce

Zubereitung

1 Das Mehl mit dem Öl, dem Bier und dem Calvados verrühren. Die Eier trennen und die Eigelbe unter den Teig ziehen. Den Teig etwa 1 Stunde an einem kühlen Ort ruhen lassen.

2 Das Eiweiß steif schlagen und ebenfalls unter den Teig ziehen.

3 Die Äpfel schälen, das Kerngehäuse entfernen und die Äpfel in Ringe schneiden.

4 Die Apfelringe mit dem Teig bestreichen und in einer Pfanne in der heißen Butter beidseitig goldgelb backen.

5 Die Apfelringe mit etwas Zucker und Zimt bestreuen und heiß zu kalter Vanillesauce servieren.

CALVADOS

Calvados ist ein französischer Apfelbranntwein aus der Normandie. Er schmeckt umso besser, je länger man ihn reifen lässt.

OBATZDA

Für 4 Portionen

1 Zwiebel
500 g reifer Camembert
250 g Doppelrahmfrischkäse
80 g Butter
Salz
Pfeffer
Kümmel
Bier

Zubereitung

1 Die Zwiebel schälen und sehr fein hacken.

2 Camembert, Frischkäse, Butter und Zwiebelwürfel zusammen mit den Gewürzen mit einer Gabel gründlich vermischen. Dabei so viel Bier zufügen, dass sich eine streichfähige Masse bildet.

3 Den Obatzden mit Vollkornbrot und leicht gesalzenen Rettichscheiben zu einem Glas Bier servieren.

»Obatzda« ist eine beliebte bayerische Spezialität, die vor allem im Sommer in einem der vielen Biergärten genossen wird.

DÄNISCHE BIERSUPPE

Für 4 Portionen

450 g dunkles dänisches Roggenbrot
3/4 l dunkles Malzbier
75 g Zucker
1 Stück Stangenzimt (ca. 2 cm lang)
2–3 TL abgeriebene Zitronenschale
ca. 1/4 l Pils
Crème double oder Sahne nach Belieben

Zubereitung

1 Das Brot würfeln. Die Brotwürfel in einer Schüssel knapp mit Wasser bedecken und über Nacht einweichen.

2 Das Brot mit dem verbliebenen Wasser in einem Topf aufkochen und unter häufigem Rühren bei schwacher Hitze in etwa 5 Minuten zu einem dicken Brei kochen. Bei Bedarf noch etwas Wasser zugießen.

3 Den Brei mit dem Stabmixer pürieren und das Malzbier, den Zucker, die Zimtstange und Zitronenschale unterrühren. Alles 10 bis 15 Minuten bei schwacher Hitze garen.

4 Den Zimt entfernen. Unter Rühren so viel Pils zugießen, dass die Suppe etwa so dick wie Grießsuppe wird. Unter weiterem Rühren erhitzen, aber nicht mehr aufkochen.

5 Die Suppe in vorgewärmte Teller geben und nach Wunsch auf jede Portion einen Klecks Crème double oder Sahne setzen.

FRÜHSTÜCKS-SUPPE

Diese aromatische, süße und dazu noch sehr gehaltvolle Biersuppe isst man in Dänemark auch gerne zum Frühstück.

Das Rezept der Dänischen Biersuppe kombiniert eine herbe Würze mit einem leicht süßlichen Geschmack auf köstliche Art und Weise.

BAYERISCHE BIERSUPPE

Für 4 Portionen

1 gestrichener EL Mehl
1/8 l Milch
2 Eier
60 g Zucker
abgeriebene Schale von 1/2 unbehandelten Zitrone
1 Messerspitze gemahlene Muskatblüte (Macis)
3/4 l dunkles Bier

Zubereitung

1 Das Mehl und die Milch in einen Topf geben und mit den Quirlen des Handrührgerätes sorgfältig verrühren. Danach die Eier, den Zucker, die Zitronenschale und die Muskatblüte untermischen.

2 Den Topf auf die Kochstelle setzen. Das Bier unter ständigem Rühren zugießen und die Suppe dabei gerade so lange erhitzen, bis sie dampft und dick wird. Nicht aufkochen, sonst gerinnen die Eier.

3 Die Biersuppe in vorgewärmte Suppentassen geben und sofort servieren. Dazu passt Weißbrot.

BEILAGE

Als Beilage zur süßen bayerischen Biersuppe, die am besten ganz heiß serviert wird, eignen sich Kekse.

BIERWAFFELN MIT KÄSE

Für 4 Portionen

200 g Mehl
1/4 l helles Bier
3 Eier
100 g geriebener Hartkäse
1 EL Sesamsamen
Salz
2 TL getrockneter Oregano
schwarzer Pfeffer aus der Mühle
Fett für das Waffeleisen

Zubereitung

1 Das Mehl in eine Schüssel geben. Das Bier, die Eier, den Käse, Sesam, Oregano, Salz und Pfeffer zufügen und alles mit den Quirlen des Handrührgeräts verrühren.

2 Das Waffeleisen erhitzen und die Backflächen einfetten. Jeweils etwa 1 ½ Esslöffel Teig hineingeben und die Waffel in 3 bis 4 Minuten goldbraun backen. Die Waffel warm stellen und auf die gleiche Weise alle weiteren Waffeln backen, bis der Teig verbraucht ist. Die Waffeln heiß zu einem kalten Glas Bier servieren. Je nach Geschmack können Sie die Waffeln auch noch mit geriebenem Käse bestreuen.

HERZHAFTE BIERBRÖTCHEN

Für 10 Brötchen

500 g Mehl
1 Päckchen Backpulver
100 g frisch geriebener mittelalter Goudakäse
1/2 TL gemahlener Kümmel
1 1/2 TL Salz
1/2 l Hefeweizenbier
Mehl zum Formen
Fett für das Backblech
3 EL Milch

Zubereitung

1 Das Mehl mit Backpulver, Käse, Kümmel und Salz in einer Schüssel mischen. Das Bier dazugießen und alles zu einem glatten Teig verarbeiten. Mit in Mehl getauchten Händen 10 Brötchen formen.

2 Ein Backblech fetten. Brötchen darauf legen, an den Oberseiten mit einem scharfen Messer kreuzweise einschneiden und mit Milch bestreichen.

3 Die Brötchen in den kalten Backofen (mittlere Schiene) schieben und bei 180 °C (Umluft 160 °C, Gas Stufe 2) etwa 35 Minuten backen. Herausnehmen, auf einem Kuchengitter etwas abkühlen lassen und noch lauwarm servieren.

LAUWARM GENIESSEN
Diese herzhaften Bierbrötchen schmecken lauwarm und nur mit etwas Butter bestrichen am besten.

ANGEMACHTER CAMEMBERT

Für 4 Portionen

1 kleine Zwiebel
1/2 Bund Schnittlauch
250 g reifer bayerischer Camembert
1 EL weiche Butter
1 EL Bier
1 TL edelsüßes Paprikapulver
1 TL Kümmelkörner
schwarzer Pfeffer, Salz

Zubereitung

1 Die Zwiebel abziehen. Zwiebel und Schnittlauch getrennt sehr fein zerkleinern. Den Camembert mit einer Gabel gründlich zerdrücken und mit der Butter und dem Bier vermischen.

2 Die Zwiebel unterrühren und alles mit Paprikapulver, Kümmel, einer kräftigen Prise Pfeffer aus der Mühle und wenig Salz würzen. Die Käsecreme auf einem Teller anrichten und mit Schnittlauch bestreut servieren.

Dazu schmecken Bauernbrot, Kümmelbrötchen oder Pellkartoffeln.

VOLLWERTIGES NUSSBROT

Für 20 Scheiben

200 g Nusskerne (Haselnüsse)
4 EL Sahne
1 EL Melasse
500 g Weizenvollkornmehl
100 g fein gemahlene Hirse
50 g Zuckerrohrgranulat
1 TL Salz
1 Päckchen Backpulver
1 TL Lebkuchengewürz
abgeriebene Schale von 1/2 unbehandelten Zitrone
1 großes Ei
200 ml helles Bier
Fett für die Form

Zubereitung

1 Die Nüsse grob hacken. Die Sahne mit der Melasse unter Rühren erwärmen, bis sich alles miteinander verbunden hat.

2 Mehl, Hirse, Zuckerrohr, Salz, Backpulver, Lebkuchengewürz und Zitronenschale mischen.

3 Das Ei mit dem Bier verquirlen und zur Mehlmischung geben. Alles mit den Knethaken des Handrührgeräts verkneten. Die Nüsse mit den Händen unterkneten.

4 Eine Backform von etwa 25 x 15 Zentimeter gut fetten und mit dem Teig füllen. Den Teig 30 Minuten ruhen lassen.

5 Das Brot mit der Sahne bestreichen und in den kalten Backofen (untere Schiene) schieben. Bei 160 °C (Umluft 150 °C, Gas Stufe 1) etwa 1 Stunde backen.

ZUBEREITUNGSZEIT

Für die Zubereitung des Nussbrots müssen Sie etwa zwei Stunden rechnen, wobei die reine Arbeitszeit etwa eine Stunde beträgt.

Haben Sie schon einmal ein Brot mit Bier gebacken? Probieren Sie es aus, es schmeckt hervorragend.

FRITTIERTE ZWIEBELRINGE AUF SALAT

Für 6 Portionen

1 Kopf Eisbergsalat	
1 zerdrückte Knoblauchzehe	
2 EL Weinessig	
1 TL körniger Senf	
Salz, Pfeffer aus der Mühle	
6 EL Olivenöl	
120 g Mehl	
1 TL Paprikaflocken	
2 Eigelbe	
200 ml helles Bier	
3 EL Öl	
500 g Zwiebeln	
Öl, Kokosfett oder Butterschmalz	
1–2 EL gehackte gemischte Kräuter	

ZUBEREITUNGS-ZEIT

Die köstlichen Zwiebelringe sind in etwa einer Stunde fertig. Als Beilage schmeckt ein knuspriges Baguette sehr gut.

Zubereitung

1 Den Salat putzen, in Streifen schneiden, waschen und gut trocknen. Knoblauch, Essig, Senf, Salz, Pfeffer und Öl verrühren. Den Salat damit mischen und auf Teller verteilen.

2 Für den Teig das Mehl mit Salz und Paprikaflocken mischen. Eigelbe, Bier und Öl zugeben und mit den Quirlen des Handrührers zu einem Teig verrühren.

3 Die Zwiebeln schälen und in Ringe schneiden. Das Fett in einer Fritteuse zum Frittieren erhitzen. Die Zwiebelringe mit einer Gabel portionsweise in den Bierteig tauchen und im heißen Fett bei mittlerer bis schwacher Hitze goldbraun backen. Dabei einmal wenden. Auf Küchenpapier kurz abtropfen lassen und neben dem Salat anrichten. Alles mit den Kräutern bestreuen.

ZWIEBELKUCHEN MIT BIERTEIG

Für 8 Portionen

Teig:

500 g Mehl

1 Päckchen Trockenhefe

Salz

1 EL Zitronensaft

2 zimmerwarme Eier

1/4 l zimmerwarmes helles Bier

1 EL Kümmelkörner

Belag:

1,5 kg Zwiebeln

200 g durchwachsener Räucherspeck

1 EL Öl

2 Bund Petersilie

1 Ei

200 g saure Sahne

Salz, schwarzer Pfeffer

1 TL getrockneter Majoran

Mehl für die Arbeitsfläche

Fett für das Blech

Zubereitung

1 Das Mehl mit der Hefe und dem Salz vermischen. Den Zitronensaft, zwei Eier, das Bier und den Kümmel zugeben. Alles mit den Knethaken des Handrührgerätes 5 Minuten durchrühren, bis der Teig Blasen bildet und sich vom Schüsselrand löst. Den Teig zugedeckt bei Zimmertemperatur ungefähr 1 Stunde gehen lassen, bis sich sein Volumen verdoppelt hat.

2 Für den Belag die Zwiebeln abziehen und in feine Ringe hobeln. Den Räucherspeck in kleine Würfel schneiden. Beide Zutaten im Öl bei schwacher bis mittlerer Hitze glasig dünsten und abkühlen lassen. Die Petersilie waschen, trockenschwenken und kleinhacken. Die Zwiebel-Speck-Mischung mit der Petersilie, dem Ei und der sauren Sahne mischen und mit Salz, Pfeffer aus der Mühle und Majoran kräftig würzen.

3 Den Teig auf einer mit Mehl bestreuten Arbeitsfläche mit den Händen noch einmal kräftig durchkneten und auf einem gefetteten Backblech ausrollen. Rundherum einen Wulst als Rand hochdrücken. Die Zwiebelmischung auf dem Teig verteilen und den Kuchen zugedeckt weitere 15 Minuten gehen lassen.

4 Den Zwiebelkuchen in den kalten Backofen (untere Schiene) schieben und bei 180 °C (Umluft 160 °C, Gas Stufe 2) etwa 50 Minuten backen, bis die Füllung gerade eben fest und die Teigränder schön gebräunt sind.

ZUBEREITUNGS-ZEIT

Die Backzeit für den aromatischen Zwiebelkuchen beträgt etwa 50 Minuten; arbeiten müssen Sie ungefähr eine Stunde.

ZANDER IM BIERTEIG

Für 4 Portionen

100 g Mehl
Salz
1/8 l dunkles Bier
2 Eier
4 Zanderfilets (je ca. 150 g)
weißer Pfeffer
Öl, Kokosfett oder Butterschmalz
zum Backen

Zubereitung

1 Mehl, Salz und Bier mit den Quirlen des Handrührgeräts verrühren und zugedeckt 20 Minuten quellen lassen. Inzwischen die Eier trennen und das Eiweiß steif schlagen. Zuerst die Eigelbe, dann den Eischnee unter den Teig rühren.

2 Den Fisch trockentupfen und mit Salz und Pfeffer würzen. Etwa drei Finger hoch Öl, Fett oder Butterschmalz in einer Pfanne bei mittlerer Hitze heiß werden lassen.

3 Die Zanderfilets in den Teig tauchen und im heißen Fett bei mittlerer bis schwacher Hitze pro Seite 3 bis 4 Minuten braten. Mit Zitronenschnitzen und Petersiliensträußchen anrichten. Mit Kartoffel- und Kopfsalat servieren.

BEILAGEN
Zum gebackenen Zander im Bierteig schmecken ein Kartoffelsalat und/oder ein frischer grüner Salat.

WILDSCHWEINKOTELETTS MIT BIERSAUCE

Für 4 Portionen

8 Wildschweinkoteletts (je 120 g)
Salz
schwarzer Pfeffer aus der Mühle
1 EL Mehl
3 Wacholderbeeren
1 EL Öl
200 ml dunkles Bier
1 TL scharfer Senf

Zubereitung

1 Die Koteletts mit Salz und Pfeffer würzen und im Mehl wenden. Die Wacholderbeeren fein zerdrücken.

2 Das Öl in einer Pfanne erhitzen. Die Koteletts darin bei starker Hitze auf beiden Seiten anbraten und bei mittlerer bis schwacher Hitze pro Seite etwa 3 Minuten goldbraun braten. Auf einer vorgewärmten Platte warm halten.

3 Den Wacholder und das Bier in die Pfanne geben und die Sauce unter Rühren dick einkochen. Mit Senf pikant abschmecken und über den Koteletts verteilen.

KOVENDT-WÜRSTCHENAUFLAUF

Für 4 Portionen

500 g säuerliche Äpfel
2-3 Zwiebeln
3 EL Öl
500 g Bratwürstchen
schwarzer Pfeffer
3 schwarze Pfefferkörner
2 Lorbeerblätter
1/2 l helles Bier

Zubereitung

1 Die säuerlichen Äpfel schälen, vierteln und die Kerngehäuse sorgfältig entfernen. Die Apfelviertel in sehr dünne, gleichmäßige Scheiben schneiden. Die Zwiebeln abziehen und ebenfalls in dünne Scheiben schneiden.

2 Das Öl in einer Pfanne erhitzen und die Bratwürstchen darin von allen Seiten goldbraun braten. Die Würstchen in eine Auflaufform legen und die Apfel- und Zwiebelscheiben darüber verteilen. Alles mit Pfeffer würzen, die Pfefferkörner und das Lorbeerblatt zufügen.

3 Das Bier darüber gießen und den Auflauf im Backofen bei 180 °C (Umluft 160 °C, Gas Stufe 2) 30 Minuten garen. Sollte der Auflauf vor Ende der Garzeit braun werden, decken Sie ihn mit Alufolie ab. Zu Bratkartoffeln servieren.

KOVENDT

Kovendt hieß früher ein Dünnbier, das zu allen Tageszeiten getrunken wurde. Für den Auflauf eignet sich am besten ein normales Lagerbier oder ein Pils.

BIERPUDDING

Für 4 Portionen

1/2 l dunkles Bier
1/2 l Wasser
250 g Zucker
1 EL Zitronensaft
40 g Gelatinepulver
50 g Rosinen
50 g geriebene Mandeln

Zubereitung

1 Das Bier mit dem Wasser, dem Zucker und dem Zitronensaft aufkochen. Die Gelatine in etwas Wasser verrühren und zufügen. Die Rosinen und die Mandeln zugeben und den Topf vom Herd nehmen.

2 Den Pudding unter Rühren so weit abkühlen lassen, bis er einzudicken beginnt. In eine Schale umfüllen, unter Rühren noch etwas abkühlen und im Kühlschrank erstarren werden lassen.

HÄHNCHENGULASCH

Für 4 Portionen

1 Huhn (ca. 1,2 kg)
Salz, Cayennepfeffer
1/2 EL Geflügelgewürz
1 Gemüsezwiebel
500 g fest kochende Kartoffeln
2 EL Öl
1/8 l helles Bier
3 EL Sahne
Salz
Pfeffer aus der Mühle
1 EL gehackte Petersilie

Zubereitung

1 Das Huhn waschen, abtrocknen und in 8 gleich große Portionsstücke teilen. Das Fleisch mit Salz, Cayennepfeffer und Geflügelgewürz einreiben. Die Gemüsezwiebel abziehen und grob hacken. Die Kartoffeln schälen, waschen und in etwa gleich dicke Scheiben schneiden.

2 Das Öl erhitzen und die Hähnchenteile darin rundherum anbraten. Die Zwiebelstücke und Kartoffelscheiben zufügen und kurz mit anbraten. Das Bier zugießen, aufkochen und das Gulasch zugedeckt bei schwacher Hitze etwa 30 Minuten schmoren, bis das Hähnchen durchgegart ist und die Kartoffeln weich sind.

3 Die Sahne zufügen und erhitzen. Alles nochmals mit Salz und Pfeffer abschmecken. Zum Servieren mit Petersilie bestreuen.

Dazu schmecken Brot und gemischter Salat.

ZUBEREITUNGS-ZEIT

Für die Zubereitung dieses Hähnchengulaschs mit Kartoffeln müssen Sie etwa 45 Minuten Zeit einplanen.

Beim Hähnchengulasch erhält das zarte Fleisch eine besondere Note durch die Zugabe von Bier.

ENTENKEULEN MIT ORANGEN-ROTKOHL

Für 4 Portionen

4 Entenkeulen
Salz
schwarzer Pfeffer aus der Mühle
2 Zwiebeln
1 Möhre
1/2 EL Gänse- oder Schweine-schmalz
1 TL Beifuß oder getrockneter Majoran
1/4 l Bier
1 Kopf Rotkohl (ca. 750 g)
1 Lorbeerblatt
1 Stück Zimtstange (ca. 3 cm lang)
1 TL Zucker
2 EL Balsamessig
2 Orangen

Zubereitung

1 Die Entenkeulen unter kaltem Wasser abspülen, gut trockentupfen und mit Salz und Pfeffer einreiben. Die Zwiebeln abziehen und fein hacken. Die Möhre schälen und in Stücke schneiden.

2 Das Schmalz in einem weiten Topf erhitzen und die Keulen darin bei mittlerer Hitze rundherum braun anbraten. Die Hälfte der Zwiebeln und die Möhre zufügen und kurz mitrösten.

3 Den Beifuß und die Hälfte des Biers zugeben und aufkochen. Die Entenkeulen zugedeckt bei schwacher Hitze in etwa 45 Minuten weich schmoren, dabei das austretende Fett immer wieder abschöpfen.

4 Den Rotkohl vierteln und den Strunk herausschneiden. Den Kohl waschen, trockenschwenken und in möglichst feine Streifen hobeln.

5 2 Esslöffel abgeschöpftes Entenfett in einen Topf geben und den Rest der Zwiebeln darin bei schwacher Hitze glasig dünsten. Den Kohl zugeben und unter häufigem Rühren etwa 5 Minuten anbraten.

6 Das restliche Bier, das Lorbeerblatt, die Zimtstange, den Zucker und den Essig zugeben. Den Rotkohl aufkochen und zugedeckt bei schwacher Hitze 25 Minuten schmoren.

7 Die Orangen schälen, in kleine Stücke schneiden und unter den Kohl mischen. Alles weitere 10 Minuten garen und mit Salz und Pfeffer abschmecken. Den Rotkohl mit den Entenkeulen auf vorgewärmten Tellern anrichten.

Als Beilage schmecken Kartoffelnudeln oder -klöße.

ZUBEREITUNGS-ZEIT

Für die Zubereitung der zarten Entenkeulen mit Orangen-Rotkohl benötigen Sie insgesamt etwa 1 3/4 Stunden.

RINDERROULADEN VOM GÜSTNEITZBERG

Für 4 Portionen

4 Scheiben Rinderrouladen aus der Oberschale (je ca. 150 g)	
Salz	
schwarzer Pfeffer aus der Mühle	
4 dünne Scheiben fetter Speck	
2 EL mittelscharfer Senf	
1 Gewürzgurke	
1/2 rote Paprikaschote	
100 g Schweinemett	
4 Esslöffel Öl	
1 kleine Stange Sellerie	
2 Möhren	
4 Zwiebeln	
2 EL Zucker	
1/4 l dunkles Bier	

Zubereitung

1 Das Fleisch flach klopfen, waschen, gut trockentupfen und auf der Innenseite salzen und pfeffern. Jede Fleischscheibe mit je einer Scheibe Speck belegen. Der Speck sorgt dafür, dass das Fleisch während des Garens nicht austrocknet. Jede Speckscheibe mit etwa ½ Teelöffel Senf bestreichen. Der Senf unterstreicht das Aroma der Rouladen. Die Gewürzgurke vierteln und je ein Viertel auf den Speck und den Senf legen. Die Paprikaschote in Streifen schneiden und ebenfalls auf den Fleischscheiben vertei-

WARUM FLACH KLOPFEN?

Das Flachklopfen der Rouladen dient dazu, das Fleisch besonders zart zu machen. Diese Arbeit kann Ihnen aber auch Ihr Metzger abnehmen.

len. Je 1 Esslöffel Schweinemett darauf geben. Die Rouladen zusammenrollen und mit Küchengarn sorgfältig fixieren.

2 Das Öl in einem Topf erhitzen und die Rouladen von allen Seiten darin anbraten. Den Sellerie und die Möhren putzen, waschen, in Stücke schneiden und zusammen mit den Rouladen so in eine feuerfeste Form geben, dass das Gemüse auf den Rouladen und rundherum verteilt ist.

3 Die Zwiebeln abziehen, in Scheiben schneiden und in dem im Topf verbliebenen Bratensatz anrösten. Den Zucker zufügen und unter ständigem Rühren karamellisieren. Das Bier langsam einrühren und alles mit Salz und Pfeffer abschmecken. Die Zwiebelsauce über die Rouladen gießen und das Fleisch im Backofen (untere Schiene) bei 180 °C (Umluft 160 °C, Gas Stufe 2) 50 bis 60 Minuten schmoren.

Dazu schmecken Kartoffelpüree und ein Salat aus Chicorée, Apfelstücken und Käsestreifen.

DICKE BOHNEN MIT SPECK (»PLOST«)

Für 4 Portionen

250 g Bauchspeck
100 g fetter Speck
2 Zwiebeln
1 Bund Bohnenkraut
50 g Butter
600 g Tiefkühl-Dicke Bohnen
1/2 l helles Bier
Salz
Pfeffer aus der Mühle
1 EL Mehl
125 g saure Sahne

Zubereitung

1 Den Bauchspeck und den fetten Speck würfeln. Die Zwiebeln abziehen und fein würfeln. Das Bohnenkraut waschen, trockenschwenken und klein schneiden.

2 Die Butter in einem Topf erhitzen und die Speckwürfel zusammen mit den Zwiebeln darin anbraten. Die dicken Bohnen und das Bohnenkraut zufügen und das Bier darüber gießen. Alles mit Salz und Pfeffer würzen und zugedeckt bei geringer Hitze 30 Minuten garen.

3 Das Mehl mit etwas kaltem Wasser und der sauren Sahne vermischen, glatt rühren und unter Rühren zu den Bohnen geben. Die Sauce kurz aufkochen lassen und alles nochmals mit Salz und Pfeffer pikant abschmecken.

DICKE BOHNEN

Dicke Bohnen sind bei uns nur sehr selten frisch zu bekommen, sondern werden meist als Konserve oder tiefgefroren angeboten.

Feine Getränke mit und aus Bier

EIERBIER AUS DER DÖNZ

Für 4 Portionen

3/4 l Bier
100 g Kandiszucker
1/2 Stange Zimt
1 Messerspitze Ingwer
2 Eier
2 cl Korn
125 g süße Sahne

Zubereitung

1 Das Bier zusammen mit dem Kandiszucker, der Zimt- stange und dem Ingwer in einem Topf erhitzen.

2 Die Eier schaumig schla- gen und unter ständigem Rühren langsam in das heiße Bier einfließen lassen.

3 Die Zimtstange entfer- nen. Den Korn und die un- geschlagene Sahne unter- rühren. Das Eierbier in 4 dekorative Gläser verteilen und noch heiß servieren.

BIERLIKÖR AUS DEM FLETT

HALTBARKEIT
Dieser Bierlikör ist einige Wochen halt- bar. Für die Zuberei- tung sind dagegen nur wenige Minuten erforderlich.

Für 4 Portionen

1/2 l dunkles Bier
200 g Zucker
1 Päckchen Vanillezucker
1/4 l Korn

Zubereitung

Bier und Zucker aufkochen und abkühlen lassen. Mit dem Korn vermischen und in eine Likörflasche füllen.

BURMESTERS WINTERABENDBIER

Für 4 Portionen

1/2 l dunkles Landbier
1–2 EL Zucker, 2 Gewürznelken
4 cl Jamaika-Rum

Zubereitung

1 Das Bier zusammen mit dem Zucker und den Nel- ken in einen kleinen Topf geben, unter häufigem Rüh- ren aufkochen und kurz ab- kühlen lassen.

2 Das Winterabendbier in einen großen Bierkrug fül- len und anschließend den Rum dazu geben.

DEDANS SCHAUMBIER

Für 4 Portionen

1/2 l Bier
2 Eier
50 g Zucker
abgeriebene Schale von 1/2 unbehandelten Zitrone

Zubereitung

1 Das Bier zusammen mit den Eiern, dem Zucker und der Zitronenschale in einem Topf unter ständigem Schlagen mit dem Schneebesen bis kurz vor dem Siedepunkt erhitzen.

2 Den Topf vom Herd nehmen, noch etwas weiterschlagen und das Schaumbier in Gläser füllen. Noch heiß servieren.

HEISS TRINKEN

Das köstliche Schaumbier schmeckt am besten, wenn es gleich nach der Zubereitung möglichst heiß getrunken wird.

BRINKSITZERS HONIGBIER

Für 4 Portionen

50 g Hafermehl
1/2 l Bier
4 TL Honig,
4 cl Scotch Whisky

Zubereitung

1 Das Hafermehl und das Bier gründlich miteinander verrühren und mit dem Honig in einem Topf unter ständigem Rühren erhitzen.

2 Das Honigbier gut abkühlen lassen und erst kurz vor dem Servieren den Whisky unterrühren.

Brinksitzers Honigbier sevieren Sie am besten gut gekühlt.

Brauprotokoll

Tag des Sudes _ _ _ _ _ _ _ **Sud-Nr.:** _ _ _ _ _ _ _ _ _ _ _ _
Biersorte/Biertyp _ _ _ _ _ _ **Angestrebte Biermenge:** _ _ _

Zutaten

Schüttung	Menge	Hersteller
– helles Malz	_ _ _ _ _ _ kg	_ _ _ _ _ _ _ _ _ _ _ _
– mitteleres Malz	_ _ _ _ _ _ kg	_ _ _ _ _ _ _ _ _ _ _ _
– dunkles Malz	_ _ _ _ _ _ kg	_ _ _ _ _ _ _ _ _ _ _ _
– Karamellmalz	_ _ _ _ _ _ kg	_ _ _ _ _ _ _ _ _ _ _ _
– sonstige Malze	_ _ _ _ _ _ kg	_ _ _ _ _ _ _ _ _ _ _ _
– andere Zutaten	_ _ _ _ _ _ kg	_ _ _ _ _ _ _ _ _ _ _ _
(z. B. Flüssigmalz)		

Hopfen
– Art, Herkunft– _ _ _ _ _ _ _ _ _   _ _ _ _ _ _ _ _ _ _ _ _
– Alphasäure _ _ _ _ _ _ _ _ %
– Menge in _ _ _ _ _ _ _ _ g

Bierhefe
– Hefeart _ _ _ _ _ _ _ _
– Hefemenge _ _ _ _ _ _ _ _ g

Wasser
– Hauptguss _ _ _ _ _ _ _ l
– Nachguss _ _ _ _ _ _ _ l

Phase 1 (Vorbereitungen)

Wasserhärte _ _ _ _ _ _ ^{0}dH
Enthärtungsverfahren _

Phase 2 (Maischen)

Maischverfahren _
(z. B. aufsteigende Infusion)

Maischen	Temperatur	Rast ^{0}C/min
– Einmaischen	_ _ _ _ _ _ _	_ _ _ _ _ _ _
– Eiweißrast	_ _ _ _ _ _ _	_ _ _ _ _ _ _
– Maltroserast	_ _ _ _ _ _ _	_ _ _ _ _ _ _
– 1. Verzuckerungsrast	_ _ _ _ _ _ _	_ _ _ _ _ _ _
– 2. Verzuckerungsrast	_ _ _ _ _ _ _	_ _ _ _ _ _ _
Jodprobe	_ _ _ _ _ _ _	

Phase 3 (Abläutern

Zeit _ _ _ _ _ _ _min
Spindelung der Würze _ _ _ _ _ _ _ _ _ _ _ _ _ _ _ _ _ _ _% Würzgehalt

Phase 4 (Würze kochen, Hopfenzugabe)

Kochzeit _ _ _ _ _ _ _ _ _ _min
Menge der Würze bei Kochbeginn _ _ _ _ _ _ _l
Menge der Würze nach dem Kochen _ _ _ _ _l
Hopfenzugabe Zeit Gewicht
– 1. Hopfenzugabe _ _ _ _ _min _ _ _ _ _ _g
– 2. Hopfenzugabe _ _ _ _ _min _ _ _ _ _ _g
Stammwürzegehalt _ _ _ _ _ _ _%

Phase 5 (Ausschlagen, Heißtrubabscheidung)

Zeit _ _ _ _ _min

Phase 6 (Abkühlen)

Zeit _ _ _ _ _min

Phase 7 (Hefe anstellen, Hauptgärung)

Stammwürzegehalt _ _ _ _ _ _ _%
Temperatur _ _ _ _ _ _ ^{0}C
Schnellvergärungsprobe
– entnommen am _ _ _ _ _ _ _ _
– Spindelung nach 72 Stunden ergibt _ _ _ _ _ _ _ _ _%
Hauptgärung (Spindelwerte)
– 3. Tag _ _ _ _ _ _ _%
– 4. Tag _ _ _ _ _ _ _%
– 5. Tag _ _ _ _ _ _ _%
– 6. Tag _ _ _ _ _ _ _%
– 7. Tag _ _ _ _ _ _ _%
– 8. Tag _ _ _ _ _ _ _%
–9. Tag _ _ _ _ _ _ _%

Phase 8 (Nachgärung, Klärung)

Restextrakt _ _ _ _ _ _ _%
Schlauchen
– abgefüllte Menge _ _ _ _ _ _ _l
– abfüllen in............Literflaschen
Temperatur der Nachgärung _ _ _ _ _ _ ^{0}C
Nachgärung, Lagerung bis zum _ _ _ _ _ _ _ _ _ _ _ _

Ergebnis:

Farbe _
Schaum _
Vollmundigkeit _
Rezenz _
Bittere _
Klarheit _
Besondere Bemerkungen _

FEHLER VERMEIDEN

Ein Brauprotokoll ist auch eine gute Möglichkeit, Anfängerfehler zu erkennen und bei nachfolgenden »Brausitzungen« zu vermeiden.

Meine besten Bierrezepte

EIGENE REZEPTE
Auf diesen Seiten haben Sie Platz, Ihre eigenen Rezepte für Ihr selbst gebrautes Bier zu notieren.

Meine besten Bierrezepte

_____
_____
_____
_____
_____
_____
_____
_____
_____
_____
_____
_____
_____
_____
_____
_____
_____
_____
_____
_____
_____
_____
_____
_____
_____
_____
_____
_____
_____
_____
_____
_____

KOCHEN MIT BIER
Außerdem können
Sie hier leckere
Gerichte mit Bier
oder weitere Geträn-
ke aus und mit Bier
festhalten.

Anhang

Bezugsquellen

In Deutschland sind die Heim- und Hobbybrauerei und die Selbstversorgung mit Bier noch nicht so weit verbreitet wie beispielsweise in den USA oder in England. Aus diesem Grund sind Bezugsquellen für den speziellen Bedarf des Hobbybrauers bei uns bislang leider noch nicht sehr zahlreich vertreten.

Da Sie als Hobbybrauer beim biologischen Ablauf des Brauens völlig ohne Hilfs- und Zusatzstoffe auskommen und die Herstellung eines naturbelassenen Biers vor allem von der Qualität der verwendeten Braurohstoffe abhängt, sollten Sie möglichst nur Hopfen und Malz aus kontrolliert ökologischem Anbau verwenden. Falls Sie in der Nähe einer Bio-Brauerei (siehe Übersicht ab Seite 155) wohnen, können Sie sich erkundigen, ob diese Braurohstoffe in kleinen Mengen abgibt. Auf den Versand von Rohstoffen ist allerdings keine Brauerei eingerichtet.

SIE ERHALTEN BRAUARTIKEL AUCH BEI:
Brau-Partner
Firma K. Kling
Kastellstraße 14
74080 Heilbronn
Tel. 0 71 31/4 53 53

Ökologische Qualitäts-Braurohstoffe (Bioland), sämtliche Geräte einschließlich des kompletten Zubehörs, diverse Fachliteratur über das Bierbrauen sowie ein Einstiegsset für die häusliche Bierbrauerei können Sie natürlich auch auf dem Versandweg bei einem Spezial-Fachhandel für Haus- und Hobbybrauer beziehen. Prospekt und Preisliste können Sie dort kostenlos anfordern, und zwar mit einem mit DM 2,20 frankierten und bereits adressierten DIN-A6-Rückumschlag bei:

Der Hobbybrauerversand

E. Schmeling-Krause
Satkau Nr. 1
D-29459 Clenze
Telefon + Fax (0 58 44) 6 30

Der Hobbybrauer-Versand hat sich darüber hinaus zu einem kompetenten Ansprechpartner für zahlreiche Hausbrauer entwickelt; er führt u. a. Wochenend-Brauseminare durch und beantwortet telefonisch auch gern alle Fragen, die sich vor allem bei Neueinsteigern hinsichtlich der Braurohstoffe, der Gerätschaften und des Brauverfahrens immer wieder ergeben.

Bioland-Vertragsbrauereien

Spezialitätenbrauerei Stuhr
Brau- und Schanktechnik, Thomas Lange
Patenbergsweg 4 a
26203 Wardenburg
Tel. 0 44 07/60 66, 22 77

Brauhaus Ernst August GmbH
Herr Bützler
Schmiedestr. 13
30159 Hannover
Tel. 05 11/30 60 30

Brauerei Pinkus Müller GmbH & Co. KG
Hans Müller
Kreuzstr. 4–10
48143 Münster
Tel. 0 21 51/51 51, 4 51 52

Herzogen Brauhaus & Destille GmbH
Franz Schmitz
Schützenstr. 22
52428 Jülich
Tel. 0 24 61/70 88, 70 89

Lammbräu Bingen GmbH
Rolf Goetz
Hauptstr. 12
72511 Bingen/Hohenzollern
Tel. 0 75 71/1 30 98

Thorbräu Augsburg
Herr Kuhnle
Wertachbrucker-Tor-Str. 9
86152 Augsburg
Tel. 08 21 / 3 65 61

Schloßbrauerei Mickhausen
Herr Prinzig
Hauptstr. 32–34
86866 Mickhausen
Tel. 0 82 04 / 10 13

Max Graf GmbH & Co.
Ottobeurer Brauerei
Ulrichstr. 7
87724 Ottobeuren
Tel. 0 83 32 / 79 91 15

Kronenbrauerei Wahl KG
Rudolf Wahl
Prof.-Bamann-Str. 20
89423 Gundelfingen/Donau
Tel. 09 07 / 73 58

Hausbrauerei Altstadthof (Neumarkter Lammsbräu)
Bergstr. 19
90403 Nürnberg
Tel. 09 11 / 22 15 70

Brauerei Gasthof Pfister GmbH
Eggerbachstr. 22
91330 Eggolsheim/Weigelshofen
Tel. 0 95 45 / 2 97, 43 70

Neumarkter Lammsbräu
Dr. Franz Ehrnsperger
Amberger Str. 1
92318 Neumarkt/Obpf.
Tel. 0 91 81 / 4 04 26

Riedenburger Brauhaus KG
Michael Krieger
Hammerweg 5
93339 Riedenburg
Tel. 0 94 42 / 6 44

Schloßbrauerei Fattigau
Christian Stelzer
Hofer Str. 27
95145 Oberkotzau-Fattigau
Tel. 0 92 86 / 62 60

Geussenbräu
Ketschenbacher Str. 25
96465 Neustadt / Coburg
Tel. 0 95 68 / 21 81

Naturland-Lizenzbrauereien

Gögginger Adlerbrauerei
Postfach 1161
72505 Krauchenwies
Tel. 0 75 76 / 97 80

Landshuter Brauhaus, Koller Fleischmann AG
Pulverturmstr. 6
84028 Landshut
Tel. 08 71 / 92 39 40

Spezialbrauerei Bucher GmbH
Untere Vorstadt 15–19
89423 Gundelfingen / Donau
Tel. 090 73 / 9 59 80

Weitere Biobrauereien

Gasthausbrauerei Andreas Klute
Poppenbeck 28
48329 Havixbeck
Tel. 0 25 07 / 98 39-0

Biohof Schneider-Bräu, Volker Kahlert
Kehlheimer Str. 5
84056 Rottenburg-Niedereulenbach
Tel. 0 87 81/22 48

Brauerei Zötler
Grüntenstr. 2
87549 Rettenberg

Rapunzel-Naturkost AG, Joseph Wilhelm
Haldergasse 9
87764 Legau
Tel. 0 83 30/91 00
(Hersteller: Bräustatt-Taverne Simmerberg)

Brauerei-Gasthof Josef Schneider
Altmühlgasse 10
93343 Essing/Altmühl
Tel. 0 94 47/9 18 00

Hofmark Brauerei, Paul Häring
Postfach 133
93403 Cham-Loifling
Tel. 0 99 71/33 01, 33 02

Schloßbrauerei Haselbach
Hofmarkstr. 7
94113 Tiefenbach
Tel. 0 85 09/13 31

Brauerei Haberstumpf, Hans Wernlein
Bergstr. 31
95367 Trebgast
Tel. 0 92 27/3 51

Rother Bräu, Herr J. Schneider
Birkenweg 2
97647 Roth/Rhön
Tel. 0 97 79/8 10 10

Weitere nützliche Anschriften

Versuchs- und Lehranstalt für Brauerei
Seestr. 13
13353 Berlin
Tel. (030) 45 09-0
Fax (030) 4 53 60 69

Deutscher Braumeister Malzmeister-Bund e. V.
Arndtstr. 47
44135 Dortmund
Tel. (02 31) 57 11 21
Fax (02 31) 52 42 61

Bundesverband Naturkost/
Naturwaren e. V. (BNN)
Robert-Bosch-Str. 6
50354 Hürth
Tel. (0 22 33) 6 76 23

Deutscher Brauer-Bund e. V. (DBB)
Annaberger Str. 28
53175 Bonn
Tel. (02 28) 9 59 06-0
Fax (02 28) 9 59 06-16

Arbeitsgemeinschaft ökologischer
Landbau (AGÖL)
Baumschulenweg 11
64295 Darmstadt
Tel. (0 61 55) 20 81
Fax (0 61 55) 57 74

Bioland-Bundesverband für organisch-
biologischen Landbau e. V.
Nördliche Ringstr. 91
73033 Göppingen
Tel. (0 77 61) 91 01 20
Fax (0 77 61) 91 01 27

Bioland-Landesverbände in:
Baden-Württemberg, Bayern, Brandenburg,
Hessen, Niedersachsen, Nordrhein-Westfalen,
Rheinland-Pfalz/Saarland, Schleswig-Holstein

**Vereinigung der Haus- und Hobbybrauer
Deutschland e. V. (VHD)**
Martin Stoll-Hafkus
Karolinenstr. 5
20357 Hamburg
Tel. (0 40) 4 30 24 39
Fax (0 40) 4 30 24 81

**Naturland Bundesverband
für naturgemäßen Landbau e. V.**
Kleinhaderner Weg 1
82166 Gräfelfing
Tel. (0 89) 8 54 50 71
Fax (0 89) 85 59 74

Verband Deutscher Hopfenpflanzer e. V.
Kellerstr. 1
85283 Wolnzach
Tel. (0 84 42) 34 44
Fax (0 84 42) 42 70

Brauereimuseen in Deutschland

Ort	Museum	Anschrift	Schwerpunkt, Größe
04680 Colditz	Geschichte der Brauerei Colditz	Brauerei Colditz GmbH Markt 10-12	2 Museumsräume auf 100 qm
08261 Schöneck	Vogtländisches Brauereimuseum	Klingerstr. 17	Erlebnisgaststätte mit 100 qm Museum
07743 Jena	Stadtmuseum Göhre	Markt 7	Abteilung Hopfenkultur und Brauereigewerbe im Kellergewölbe
08439 Blankenhain	Agrar- und Freilicht-museum	Am Schloß 1	Schlossbrauerei mit 90 qm Museumsfläche
10921 Berlin	Schultheiss-Brauerei AG	Methfesselstr. 28–48	150 qm Museumsfläche
10963 Berlin	Museum für Verkehr und Technik	Trebbiner Str. 9	Historische Brauerei
19386 Lübz	Stadtmuseum Amtsturm	Am Markt 25	Brauereiabteilung im Turm
20099 Hamburg	Kunst- und Gewerbemuseum	Steintorplatz 1	Historische Brauerei-abteilung und Ausschank
21129 Hamburg	Deutsches Bierglas-Museum	Rundtörn 23	8350 Biergläser von 2150 deutschen Brauereien
21335 Lüneburg	Brauereimuseum im Kronen-Brauhaus	Heiligengeiststr. 39	Museums- und Gastro-nomiezentrum auf 1.000 qm. Brauhandwerk, industrielle Biererzeu-gung und Trinkgefäße
26441 Jever	Friesische Brauerei Jever	Elisabethufer 18	10 Museumsräume auf 400 qm. Brauerei der Jahrhundertwende
29386 Hankensbüttel	Klosterhofmuseum Isenhagen		Geschichte der Kloster-brauerei Isenhagen, 2 Museumsräume auf 400 qm
32120 Hiddenhausen	Brauerei Felsenkeller	Gebr. Uekermann GmbH & Co.	Geschichte der Brauerei Felsenkeller
35390 Gießen	Oberhessisches Museum und Gail'sche Sammlung	Georg-Schlosser-Str. 2	Brauereiabteilung 20 qm

161

Ort	Museum	Anschrift	Schwerpunkt, Größe
36452 Kalten-nordheim	Rhöhnbrauerei F. Dittmar GmbH	Fuldaer Str. 6	Kleines Museum im ehemaligen Schalander der Brauerei, 50 qm
37574 Einbeck	Städtisches Museum	Steinweg 11	Brauwesen-Abteilung 20 qm
37574 Einbeck	Einbecker Brauhaus AG	Papenstr. 4–7	Urbock-Keller der Brauerei, 3 Museumsräume, 70 qm
38685 Lauenthal	Das alte Brauhaus	Hahnenkleer Str. 2	Alte Brauerei mit 500 qm Museumsfläche
39638 Gardelegen	Stadtmuseum	Rathausplatz 10	Ausstellung Hopfen und Bier, 100 qm
44141 Dortmund	Brauereimuseum Dortmund	Märkische Str. 85	1600 qm, Museums-schänke
44787 Bochum	Brauerei Moritz Fiege	Scharnhorststr. 19-25	2 Museumsräume auf 80 qm
45326 Essen	Brauerei J. Stauder GmbH & Co.	Stauder Str. 88	Museumsfläche 50 qm
47661 Issum	Brauerei Diebels GmbH	Brauerei-Diebels-Str. 1	Erlebnisgastronomie mit Ausstellung
48329 Havixbeck	Historisches Brauhaus A. Klute	Poppenbeck 28	Brauereimuseum, Bio-Bierausschank
48565 Steinfurt-Burgsteinfurt	Brauerei A. Rolinck	Wettringerstr. 41	3 Museumsräume auf 300 qm
48661 Cloppenburg	Niedersächsisches Freilichtmuseums-dorf		Brauhaus von 1736 mit Brauerei des 19. Jh.
48712 Gescher	Museumshof auf dem Braem	Marktplatz 1	200 Jahre altes Brau- und Backhaus, 50 qm
50127 Bergheim	Biermuseum Klaus Hofmacher	Thorrer Str. 48	6000 Biere aus aller Welt, 2 Räume auf 30 qm
50968 Köln	Küppers Kölsch Brauerei GmbH	Alteburger Str. 145–155	5 Räume auf 500 qm, nostalgische Bierstube und Ausschank
51373 Leverkusen	Rheinisches Biermuseum	Döhnhoffstr. 77	Kleines Museum auf 50 qm Fläche
56203 Höhr-Grenzhausen	Rastal-Museum		Historische Trinkgefäße des 16. bis 20. Jh., über 3000 Exponate

Ort	Museum	Anschrift	Schwerpunkt, Größe
57555 Mudersbach	Erzquell Brauerei Siegtal	Kölner Str. 1-5	50 qm
58091 Hagen	Westfälisches Freilichtmuseum	Mäckingerbach	Brauerei von 1801 mit kompletter Einrichtung
61267 Neu-Anspach	Freilichtmuseum Hessenpark Laubweg		200 qm Brauereiabteilung, Anbau von Gerste und Hopfen im Garten
67722 Winnweiler	Brauerei Bischoff KG	An den Hopfengärten 6	100 qm
69469 Weinheim	Gasthaus-Brauerei Weinheim	Friedrichstr. 23	100 qm Museumsfläche im Gewölbekeller
70563 Stuttgart	Schwaben-Bräu R. Leicht AG	Robert-Koch-Str. 12	12 Museumsräume auf 1000 qm
71701 Schwieber- dingen	Ortsmuseum Im alten Pfarrhaus	Eugen-Herrmann-Str. 5	Kleine Brauereiabteilung im Keller
72280 Dornstetten	Heimatmuseum	Zehntgasse 9 und 11	Brauereianlage der Jahr- hundertwende
72793 Pfullingen	Stadtgeschicht- liches Museum	Griesstr. 24	Kleine Brauereiabteilung
77736 Zell am Harmersbach	Heimatmuseum im Storchenturm	Auf dem Kanzleiplatz	Brauereiabteilung
78166 Donau- eschingen	Fürstlich Fürsten- bergische Brauerei Donaueschingen	Postplatz 1–4	Privatsammlung in der alten Malztenne, 2 Museumsräume auf 100 qm.
80331 München	Deutsches Brauerei Museum	St.-Jakobs-Platz 1	Bau- und Kulturge- schichte des Brauwesens
80538 München	Deutsches Museum	Museumsinsel 1	Brauereiabteilung 250 qm
83123 Amerang	Bauernhaus- museum Amerang	Im Hopfengarten 2	Kleine Brauerei im ehem. Schafstall
83512 Wasserburg/Inn	Städtisches Museum	Herrengasse 15	Brauereiabteilung
84048 Mainburg	Hallertauer Heimat- und Hopfenmuseum	Abensbergerstr. 15	Hopfenabteilung im Dachgeschoss
84577 Tüßling	Bräu im Moos E. Münch	Moos Nr. 21	200 qm mit Brauereigasthof
85049 Ingolstadt	Brauerei zum Kuchl- bauer GmbH	Schäffbräustr. 11	Gastwirtschaft mit Museum 150 qm

Ort	Museum	Anschrift	Schwerpunkt, Größe
85250 Altomünster	Brauereimuseum Kapplerbräu	Nerbstr. 8	Brauerei der 20er und 30er Jahre, 400 qm
85283 Wolnzach	Deutsches Hopfen- museum e.V. im alten Lipphof-Gebäude	Elsenheimer Str. 2	1500 qm Museumsfläche
85290 Geisenfeld	Hallertauer Hopfen- und Heimatmuseum	Rathausstr. 11	400 qm Museumsfläche
86486 Bonstetten	Schaller Bräu KG	Hauptstr. 14	30 qm Ausstellungsraum mit alten Braugeräten
87484 Nesselwang	Post-Brauerei Karl Meyer	Hauptstr. 25	2 Museumsräume auf 200 qm im Gewölbekeller
87660 Irsee/ Allgäu	Klosterbrauerei Irsee	Klosterring 1–3	3 Museumsräume auf 300 qm
88069 Tettnang	Hopfenmuseum	Siggenweiler 46	600 qm, 4 km Hopfen- lehrpfad
88427 Bad Schussenried	Brauerei Ott GmbH	Wilhelm-Schussen- Str. 12	1000 Bierkrüge aus 5 Jahrhunderten, 500 qm
90403 Nürnberg	Altstadthof mit Museumsbrauerei	Bergstr. 19	Gasthausbrauerei (Bio- land-Bier) mit alten Brau- geräten, Kühlkeller- Labyrinth über 4 Stock- werke aus dem Mittelalter
90482 Nürnberg	Weizenbierglas- Museum	Schupfer Str. 39	3500 Gläser aus 1150 Brauereien
91174 Spalt	Heimatmuseum	Gabrieliplatz 2	Hopfenkultur auf 45 qm Museumsfläche
91217 Hersbruck	Deutsches Hirten- museum	Eisenhüttlein 7	Hopfenabteilung
91438 Bad Winsheim	Fränkisches Freiland- museum	Eisweiherweg 1	5 Gebäude mit Einrich- tungen zum Thema Brauwirtschaft in Franken
91785 Pleinfeld	Heimat- und Brauereimuseum	Kirchenplatz 1	Mittelfränkisches Brau- ereimuseum auf 100 qm
92237 Sulzbach- Rosenberg	Stadtmuseum	Neustadt 14–16	Ausstellungsabteilung Brauerei und Mälzerei
92318 Neumarkt	Brauerei Glossner	Schwesterhausgasse 15	3 Museumsräume auf 150 qm
92339 Beilngries	Brauereimuseum Beilngries	Brauhausstr. 36	350 m Felsenkeller-Laby- rinth, 1120 qm

Ort	Museum	Anschrift	Schwerpunkt, Größe
93049 Regensburg	Römermuseum	Kornweg 12	Ausgrabung einer römischen Brauerei
93309 Kelheim	Brauerei G. Schneider & Sohn	Emil-Ott-Str. 1–5	2 Museumsräume auf 100 qm
94104 Tittling	Museumsdorf Bayerischer Wald	Am Dreiburgensee	Brauereigebäude von 1894 mit Einrichtung
94239 Gotteszell	Klosterbrauerei Hans Hacker	Schulstr. 2	200 qm Museumsräume Brauereigasthof
94469 Deggendorf	Handwerksmuseum Deggendorf	Maria-Ward-Platz 1	Brauereiabteilung 40 qm
94501 Aldersbach	Brauerei Aldersbach Aretin KG	Freiherr-von-Aretin-Platz 1	4 Museumsräume auf 300 qm
95028 Hof	Bürger Bräu Hof Maria Ried KG	Ascher Str. 3–5	Gewölbekeller mit Museumsgaststätte und Brauereimarkt auf rund 400 qm
95326 Kulmbach	Brauereimuseum Kulmbach e.V.	Hofer Str. 20	Museumsfläche 450 qm (geplant 3.000 qm)
95445 Bayreuth	Brauerei Gebr. Maisel	Kulmbacher Str. 40	20 Museumsräume auf 2.400 qm
95445 Bayreuth	Bayreuther Bierbrauerei AG	Hindenburgstr. 9	500 m Felsenkeller mit 40 Abteilungen
96049 Bamberg	Fränkisches Brauereimuseum	Michaelsberg 10 St. Michael-Kloster	800 Exponate, 9 Museumsräume auf 900 qm
96369 Weißenbrunn	Brauer- und Büttnermuseum	Paradies	Museumsfläche 100 qm
97650 Fladungen	Fränkisches Freilandmuseum		Gemeindebrauhaus mit 100-jähriger Ausstattung
99326 Singen bei Arnstadt	Museumsbrauerei Schmitt Familie Obstfelder		Die kleinste Brauerei der ehem. DDR. Mit der technischen Einrichtung aus der Jahrhundertwende werden jährlich noch 800 Hektoliter Bier gebraut.
99885 Luisenthal	Brauereimuseum Stutzhäuser	Karl-Marx-Str. 8	Betriebsfähige Brauerei der 20er Jahre mit Gaststätte 8 Museumsräume auf 500 qm

Lexikon der Fachbegriffe

Abläutern Abgießen und Filtern der Maische, d. h. die Trennung von klarer Bierwürze und Treber.

Abschöpfen Entfernung der unerwünschten Stoffe und der überschüssigen Hefe von den Kräusen während und nach der Hauptgärung.

Acetaldehyd Farblose Flüssigkeit mit betäubendem Geruch; wichtiger Ausgangsstoff bzw. Zwischenprodukt für chemische Synthesen.

Acidität Reaktion als Säure. Säuregrad oder Säuregehalt einer Flüssigkeit. In der Wasseranalytik wird die freie Kohlensäure durch den Basenverbrauch bestimmt (Titration).

Aflatoxine Siehe Mykotoxine.

Akarizide Pflanzenschutzmittel zur Bekämpfung von Milben. Siehe Pestizide.

Alginsäure Aus dem Extrakt von Braunalgen gewonnener Stabilisator, der für bestimmte Lebensmittel eingesetzt wird.

Alkalität Reaktion als Lauge (Säureverbrauch, Säurebindungsvermögen).

Alkaloide Gruppe chemisch sehr verschiedenartiger Pflanzenstoffe. Allgemein mit starker, meist sehr spezifischer Wirkung auf den Organismus.

Alkoholarm Alkoholarm darf sich ein Bier nennen, das höchstens 1,5 Prozent Alkohol enthält.

Alkoholfrei Bier mit weniger als 0,5 Prozent Alkoholgehalt.

Alpha-Amylasen Siehe Amylasen.

Alphasäure (Humulon). Bestandteil des Hopfenharzes mit hohem Bitterwert. Der Alphasäure-Gehalt ist die Maßeinheit für die Bittere des Hopfens.

Aminosäuren Organische Säuren, die Stickstoff enthalten. Bausteine der Eiweiße (Proteine).

Amylasen Enzyme, die Stärke zu Zucker abbauen. Die Alpha-Amylasen (auch Endo-Amylase oder Dextrinogen-Amylase) spalten die großen, verkleisterten Zuckermoleküle der Malzstärke auf, um sie in der Bierwürze zu verflüssigen; es bilden sich überwiegend nicht vergärbare Dextrine. Die

Beta-Amylasen (auch Exo-Amylase oder Saccharogen-Amylase) gewinnen aus der Malzstärke überwiegend vergärbaren Zucker (siehe Maltose). Beide Enzyme zusammen können maximal 80 Prozent vergärbare Maltose bilden, der Rest liegt in Form von unvergärbaren Dextrinen vor.

Amylose Der lösliche, nicht kleisternde, innere Bestandteil des Stärkekorns. Ein langkettiges, unverzweigtes Kohlenhydrat aus Glukose.

Amylopektin Mit Wasser quellende, kleisternde Hüllensubstanz der Stärkekörner; ein langkettiges, stark verzweigtes Kohlenhydrat aus Glukose.

Amylum Stärke. Wird in nicht-grünen Pflanzengeweben (Samen, Knollen, etc.) in speziellen Zellorganen, den Amyloplasten, gebildet. Besteht als im Stärkekorn abgelagerte Reservestärke aus Amylopektin und Amylose. Sie werden durch Amylasen zu Glukose abgebaut. Stärke stellt die wichtigste Kohlenhydratquelle der Nahrung dar.

Anschwänzen Siehe Aufgießen.

Anstellen Einleitung des Gärprozesses, bei dem der Bierwürze (Anstellwürze) die Hefe zugegeben wird.

Antioxidantien Siehe Oxidationshemmer.

Aromahopfen Hopfensorten, die das Bukett des Biers bestimmen.

Askorbinsäure Vitamin C. Siehe Oxidationshemmer.

Aufgießen Das Übersprühen des Trebers nach dem Maischen mit 78 °C heißem Brauwasser (Nachguss), um noch vergärbare Substanzen auszuwaschen.

Ausfällen Durch die abrupte Abkühlung der Bierwürze vor der Hauptgärung werden Eiweißstoffe von der Würze abgeschieden (ausgefällt).

Bentonit Tongestein, das hauptsächlich aus dem Schichtsilikat besteht und durch Verwitterungsprodukte vulkanischer Tuffe (Tertiär) entstanden ist. Gewinnung unter anderem aus Gruben in Niederbayern. Der Name stammt vom ersten Fundort in Fort Benton (USA). Bentonite sind stark aufquellende Aluminiumsilikate mit selektiver Absorptionsfähigkeit. In der Brauerei werden sie als Trägerstoffe für die Eiweißstabilisierung eingesetzt.

Beta-Amylasen Siehe Amylasen und Maltose.

Betasäure (Lupulin). Harz der Hopfendolden, das die Träger der Aroma- und Bitterstoffe enthält.

Bikarbonate Synonym für Hydrogenkarbonate. Salze der Kohlensäure.

Biogene Amine Hormonartige Stoffe, die in vielfältiger Weise im Organismus wirken und große physiologische Bedeutung besitzen. Bier enthält 8–30 mg/l dieser Stickstoffsubstanzen. In der Natur kommen über ein Dutzend biogener Amine vor, dazu zählen auch Pyrrolidin, Typtamin, 2-Phenylethylamin, Putrescin, Kadaverin, Histamin, Tyramin, Spermidin.

Bittere Der vom Hopfen bestimmte, leicht bittere Geschmack des Biers.

Chlor (Cl). Ein den Halogenen zugehöriges Element. Als molekulares Cl_2 ein schweres, gelbgrünes, erstickend riechendes Gas, das Körpergewebe infolge Salzsäure- und Sauerstoff-Freisetzung verätzt (schwere Lungenschäden).

Chloramin (NH_2Cl). Desinfektionsmittel in der Brauerei zur Reinigung von Flaschen. Siehe Chlorierung.

Chlorate Salze der Chlorsäure ($HClO_3$). Einsatz als Totalherbizid. Siehe auch Chlorierung.

Chlorcholinchlorid (CCC). Siehe Wachstumsregulatoren.

Chlorierung Wasseraufbereitung (Desinfektion) mit elementarem Chlor durch Einleiten von Chlorgas oder durch Zusatz anorganischer oder organischer chlorhaltiger Verbindungen (Chlorkalk, Hypochlorit, Chloramin, Chlordioxid), wobei die eigentliche Desinfektion durch das Freisetzen aktiven Sauerstoffs erfolgt. Anschließend Neutralisation des Chlors mittels Natriumsulfit oder Aktivkohle. Bei der Chlordesinfektion des Wassers können gesundheitsbedenkliche und Erbgut schädigende Chlor- bzw. Halogenkohlenwasserstoffe (Trihalogenmethane) sowie anorganische Schadstoffe (Chlorit, Chlorat) entstehen.

Chlorite Salze der chlorigen Säure ($HClO_2$).

Chlorkalk (Bleichkalk). Enthält 25–36 Prozent lose gebundenes Chlor. Desinfektionsmittel. Siehe Chlorierung.

Chlorierte Kohlenwasserstoffe (CKW). Organische Verbindungen, die aus Kohlenstoff, Wasserstoff und Chlor bestehen. CKW-Verbindungen wurden hauptsächlich als Insektizide in der Landwirtschaft eingesetzt. Sie sind schwer abbaubar und reichern sich in der Nahrungskette sowie im menschlichen Organismus an. Zahlreiche chlorierte Kohlenwasserstoffe sind für das Zentralnervensystem toxisch, leberschädigend, Krebs erregend und stehen im Verdacht, auch erbgutverändernd zu wirken.

Cytasen Siehe Enzyme.

Dekoktion Das Maischen mit Erhitzen einer oder mehrerer Teilmengen der Würze und anschließender Wiederzuführung in die Hauptmaische.

Derivat Abkömmling einer chemischen oder biochemischen Verbindung.

Dextrine (Stärkegummi, Stärkekleister). Ein Polysaccharidgemisch, das aus Oligo- und Polymeren der Glukose besteht. Beim Maischen ist Dextrin einer der entstehenden Zucker, der durch das Alpha-Amylase-Enzym gebildet wird.

Dextrose Siehe Glukose.

Dialyse Verfahren zur physikalischen Trennung verschiedener Stoffe aus einer Lösung mittels einer halbdurchlässigen Membran.

Diastase Ein Enzym (Sammelbezeichnung für Amylasen), das Kohlenhydrate aufspaltet, also die Umwandlung der Stärke im Malz in gärungsfähigen Zucker bewirkt.

Diastatische Kraft (DK). Gesamte Enzymwirkung der Amylasen in Braumalz. Die Aktivität der Alpha-Amylase erfolgt nach den Richtlinien der EBC, die der Beta-Amylase wird errechnet aus der Differenz DK – 1,2 x Alpha-Amylase.

2,4-Dichlorphenoxiessigsäure Herbizid mit hormonaler Wirkung. Weißes Pulver, als Salz wasserlöslich. Führt zu Übelkeit, Erbrechen, Gelenkschmerzen, Leber- und Nierenschäden. Von den USA in Vietnam zusammen mit dem Dioxin enthaltenden Stoff 2,4,5-Trichlorphenoxiessigsäure als Entlaubungsmittel eingesetzt (Agent Orange).

Disaccharid Kohlenhydrat. Ein aus zwei Monosaccharidmolekülen bestehender Zucker (z. B. Maltose, Melibiose, Laktose).

Dithiokarbamate In Hopfenkulturen verwendetes Pestizid. Seine schädliche Wirkung auf den Hormonhaushalt des Menschen gilt als bekannt. Sie gefährden bereits im Niedrigdosisbereich die embryonale Entwicklung und werden für Missbildungen und Krebs der Geschlechtsorgane verantwortlich gemacht. Zur Zeit gibt es 30 zugelassene Pestizide, die für die Anwendung in Hopfen ausgewiesen sind. Bei acht dieser Wirkstoffe wurden bisher im Tierversuch Veränderungen im Hormonhaushalt festgestellt. Dabei handelt es sich um die Wirkstoffe Amitraz (Akarizid), Cyanamid (Herbizid), Pymetrozin (Insektizid), Fenarimol, Maneb, Metiram, Propineb und Vinklozolin (Fungizide).

EBC European Brewery Convention. Richtwerte, die für Biersorten in Brauereien angewendet werden.
Endvergärungsgrad Der überhaupt erreichbare, höchstmögliche Vergärungsgrad einer Würze. Er gibt die Summe aller in einer Würze enthaltenen und durch die Hefe vergärbaren Zucker an.
Enzyme (Fermente). Eiweißstoffe, die als Katalysatoren innerhalb bestimmter Temperaturbereiche biochemische Prozesse auslösen oder beschleunigen, wobei sie selbst unverändert bleiben. Sie werden bei der Keimung der Braugerste gebildet und bauen die Stärke zu vergärbarem Malzzucker (Maltose) ab. Diese Enzyme werden Amylasen genannt. Beim Mälzen werden daneben noch weitere Enzyme gebildet, und zwar Proteinasen für den Abbau der Proteine (Eiweißstoffe) zu einfacheren Verbindungen (siehe proteolytische Enzyme), Phosphatasen zur Spaltung von Phosphorsäureestern, Lipasen zum Lipidabbau (Fettabbau) sowie Cytasen zur Auflösung der Zellwände.
Ester Chemische Verbindung, die aus Säuren und Alkoholen unter Wasserabspaltung entsteht.
Ethanol (Ethylalkohol, Alkohol, C_2H_5OH). Farblose, würzig riechende, brennend schmeckende, leicht entzündliche Flüssigkeit. Wird gewonnen durch alkoholische Gärung oder synthetisch aus Acetylen bzw. Äthylen. Hauptverwendung in Form alkoholischer Getränke. Wird im Körper hauptsächlich zu Wasser und Kohlensäure abgebaut.

FCKW Abkürzung für Fluorchlorkohlenwasserstoffe; finden besonders für Treibgase, Kältemittel auch in der Brauerei und bei der Kunststoffverschäumung Verwendung. Verantwortlich für die Zerstörung der schützenden Ozonschicht in der Stratosphäre.

Filtrierung Die Klärung des fertigen Biers in der Großbrauerei mit Hilfe von teilweise umstrittenen Schönungsmitteln und Filtern (Kieselgur, Aktivkohlefilter, Kohlensäurewäsche), um dem Bier eventuell noch vorhandene Trübungen und Sedimente zu zu entziehen.

Formaldehyd (HCHO; Ameisensäurealdehyd, Methanal, Formol). Formaldehyd wird seit etwa 100 Jahren technisch hergestellt. Farbloses, stechend riechendes Gas. Verwendung u. a. als Desinfektions- und Konservierungsmittel (z. B. Kronkorken bei Bierflaschen). Kann beim Menschen Allergien auslösen und Krebs erzeugen.

Fruktose (Fruchtzucker). Natürliches, durch Hefe vergärbares Monosaccharid.

Fungizide Pflanzenschutzmittel zur Bekämpfung parasitärer Pilze und unerwünschter Mikroorganismen. Früher wurden hauptsächlich hoch giftige Schwermetallsalze eingesetzt. Heute finden dagegen vor allem organische Phosphorsäureester und chlorierte Kohlenwasserstoffe, aber auch organische Quecksilberverbindungen Verwendung. Siehe auch chlorierte Kohlenwasserstoffe, Phosphorsäureester und Pestizide.

Fusarien Siehe Mykotoxine.

Galaktose Monosaccharid. Bestandteil von z. B. Laktose und Raffinose.

Gärung Bei der alkoholischen Gärung des Biers mit Hilfe von Hefe wird von Enzymen vergärbarer Zucker in gleiche Teile Alkohol und Kohlendioxid sowie in weitere Nebenprodukte zerlegt. In der Bierwürze liegen an für die Hefe verwertbaren Kohlenhydraten die Hexosen Glukose und Fruktose, die Disaccharide Saccharose und Maltose und das Trisaccharid Maltotriose vor. Niedere und höhere Dextrine werden von der Hefe nicht vergoren.

Gerüstsubstanzen Bestandteile pflanzlicher Zellwände,

hauptsächlich Pektinverbindungen, Zellulose und Hemizellulose. Die Spelzen (nicht dagegen der Mehlkörper) des Gerstenkorns enthalten Cellulose, die beim Mälzen unverändert bleibt und erst beim Abläutern eine Rolle spielt. Hemicellulosen beteiligen sich am Aufbau der Zellwände des Gerstenkorns und unterstützen deren Festigkeit. Lignine sind in den Zellwänden der Gerstenspelze eingelagerte Substanzen, die ihnen zusätzliche Stabilität verleihen.

Giberelline Gruppe pflanzlicher Hormone, die neben anderen Hormonen die Pflanzenentwicklung steuern. Siehe Wachstumsregulatoren.

Glattwasser Stark verdünntes Bierwürze in der Endphase der Nachgüsse beim Abläutern.

Glukane Aus Glukose aufgebaute Polysaccharide wie Cellulose, Glykogen, Stärke.

Glukose (Dextrose, Glykose, Stärke-, Traubenzucker). Monosaccharid. Durch Hefe vergärbar. Baustein von Polysacchariden wie Glykogen, Stärke, Cellulose, Dextran. Schlüsselsubstanz im Kohlenhydratstoffwechsel.

Glyceride Ester des dreiwertigen Alkohols Glycerin mit Fettsäuren. In Triglyceriden sind alle drei Hydroxylgruppen verestert, Mono- und Diglyceride treten als Zwischenstufen der Fettsynthese und dem Fettabbau auf.

Glycerin Einfachster dreiwertiger Alkohol. Farb- und geruchlose, süß schmeckende Flüssigkeit.

Grenzdextrine Hochmolekulare Dextrine als Endstufe des enzymatischen Abbaus von Amylopektin durch Beta-Amylasen.

Gummiarabikum Gummiharz, das aus den getrockneten Absonderungen der afrikanischen Akazie hergestellt wird. Stabilisator zur Schaumverbesserung, bei deutschen Bieren nicht zugelassen. Kann bei sehr empfindlichen Menschen in seltenen Fällen zu allergischen Beschwerden führen.

Halogene Gruppe chemischer Elemente, umfasst Fluor, Chlor, Brom, Iod. Halogene wirken unterschiedlich stark giftig und ätzend.

Halogenkohlenwasserstoffe Sammelbezeichnung für Kohlenwasserstoffverbindungen, die Halogene enthalten, wie

Dichlormethan, Trichlorethan, Chloroform, Dichlorpropan, Dibrommethan oder PCB. Sie sind fettlöslich, wirken toxisch auf das Zentralnervensystem, haben eine narkotisierende Wirkung, schädigen die Leber und stehen unter dem Verdacht, Krebs zu erzeugen. Sie werden auf sehr vielfältige Weise eingesetzt, etwa als Lösungsmittel, Treibgase und Pflanzenschutzmittel.

Hauptguss Die für den Einmaischsud benötigte Brauwassermenge.

Hausenblase (Fischleim). Innere Haut der Schwimmblase des Hausen oder Beluga (eine Störart), die nach Reinigung und Trocknung in Form von Blättern oder Streifen in den Handel kommt. Wird von manchen Brauereien als Klärmittel für Bier eingesetzt.

Hefestich Bitterer Biergeschmack der aufgrund einer schlecht ausgewählten Hefe entstehen kann. Sowohl hefetrübes Bier hat diesen Geschmack als auch Bier, das lange auf einer Sedimentschicht von Hefe und nicht löslichen Feststoffen gelagert wurde.

Heißtrub Der Heißtrub besteht zu 40–70 Prozent aus den beim Kochen koagulierten Eiweißstoffen (Bruch), zu 7–32 Prozent aus Hopfenbestandteilen (Trub) und zu 20–30 Prozent aus anderen organischen Stoffen. Der Trub wird vor der Gärung durch einen sehr feinen Filter entfernt.

Hemicellulose Siehe Gerüstsubstanzen.

Herbizide Pflanzenschutzmittel. Sie lassen sich unterteilen in Totalherbizide (z. B. Chlorate, Kupfersulfat, Kalziumcyanamid, chlorierte Fettsäuren) und solche mit selektiver Wirkung wie bestimmte Wuchsstoffe (z. B. 2,4-Dichlorphenoxiessigsäure, Karbaminsäure- und Harnstoffderivate, Triacine und Pyridine wie Paraquat). Siehe auch Pestizide und Wachstumsregulatoren.

Hexan Nicht-zyklischer Kohlenwasserstoff; Verwendung als Lösungsmittel, eine benzinähnliche Fraktion.

Hexose Monosaccharid mit sechs Kohlenstoffatomen.

Hydrogenkarbonate (Bikarbonate). Salze der Kohlensäure, z. B. $NaHCO_3$, $Ca(HCO_3)_2$. Doppelkohlensaures Salz mit Säurewasserstoffrest.

Hydrolyse Spaltung von chemischen Verbindungen durch Wasser.

Infusion Das einfache Maischen bei auf- oder absteigender oder gleichbleibender Temperatur.

Insektizide Pflanzenschutzmittel zur Bekämpfung von Insekten. Häufigste Wirkstoffe sind sehr giftige Verbindungen aus chlorierten Kohlenwasserstoffen, organischen Phosphorverbindungen und synthetischen Pyrethroiden.

Invertzucker Invertose. Gemisch von Glukose und Fruktose. zu gleichen Teilen; entsteht aus Saccarose durch saure Hydrolyse oder durch enzymatische Hydrolyse mittels Invertase.

Kalziumchlorid ($CaCl_2$). Ein Salz der Salzsäure. Kann die aciditätsvernichtende Eigenschaft der Hydrogenkarbonate im Brauwasser ausgleichen.

Kalziumoxid (CaO). Ätzkalk oder gebrannter Kalk. Wird als Wasserenthärter für Brauwasser eingesetzt.

Kalziumsulfat ($CaSO_4$, Gips). Ein Salz der Schwefelsäure. Kann die aciditätsvernichtende Eigenschaft der Hydrogenkarbonate im Brauwasser ausgleichen.

Karabamate Salze der Karbamidsäure. Insektizid, z. B. Aprokarb, Methiokarb. Sind auch für den menschlichen Organismus sehr giftig.

Karbaminsäure ($H_2N\text{-}COOH$). Eine im Stoffwechsel des Stickstoffs auftretende Säure. Ihre Salze (siehe Karbamate) werden als Pestizide eingesetzt.

Karbonate Salz der Kohlensäure. Kalzium-, Natrium- und Magnesiumkarbonat können bei hellen Bieren den Brauprozess negativ beeinflussen.

Karrageen (Perlmoos). Aus verschiedenen Rotalgen gewonnener Stabilisator (Klär- und Bindemittel), u. a. zur Stabilisierung in der Brauerei. Mögliche Nebenwirkungen dieses Stoffes auf die menschliche Gesundheit sind derzeit noch nicht bekannt. Im Laborversuch wurden bei Ratten und Meerschweinchen Geschwüre im Darm festgestellt.

Kieselgur Ein mehrartiges, aus kleinsten Teilchen bestehendes Mineral (Süßwassersediment) der Tertiärzeit aus kieselsäurehaltigen Panzern einzelliger Algen (Diatomeen- oder Infusorienerde). Der Rohstoff wird durch Schlämmen von Sand, durch Glühen bei 700–1.000 °C von Verunreinigungen befreit und vermahlen. Kieselgur enthält 85–90 Prozent Kieselsäure sowie 4 Prozent Aluminiumoxid. Die Brauerei setzen Kieselgur oder synthetisch gewonnene Kieselsäurepräparate (Xerogele, Hydrogele) als Adsorptions- und Filterhilfsmittel ein, um trübungsbildende Stoffe aus dem vergorenen Bier zu entfernen sowie als künstliche Beschleunigungshilfsmittel beim Maischen und Würze kochen. Diese werden bei der Filtration an der 400–700 qm/g großen Oberfläche des Klärmittels gebunden.

Koagulation Ausflockung, Gerinnung und Denaturierung von Eiweißstoffen in der Bierwürze infolge Hitzeeinwirkung. Das Ergebnis dieser Ausflockungen nennt man Heißtrub (siehe dort).

Kohlenhydrate (Saccharide). Organische Verbindungen aus Kohlenstoff, Wasserstoff und Sauerstoff (z. B. Stärke, Zellulose). Das Stärkekorn der Gerste besteht aus zwei unterschiedlichen Kohlenhydraten (Amylose und Amylopektin). 17–24 Prozent der Stärke in der Gerste bestehen aus der Amylose, die beim enzymatischen Abbau (Alpha- und Beta-Amylase) zum Disaccharid Maltose umgewandelt wird, das Amylopektin macht 76–83 Prozent der Stärke aus.

Kolbachzahl Ausdruck für den Eiweißlösungsgrad, der einen Einblick in den Eiweißabbau des Braumalzes gibt.

Kräusen Schaumgebilde aus Eiweiß, Bitterstoffen und Hefe, die sich bei der Gärung an der Oberfläche des Gärgefäßes bilden.

Kupfersulfat ($CuSO_4$). Starkes Herbizid, das zu Erbrechen und Nierenschäden führt.

Laktose (Milchzucker). Disaccharid aus Glukose und Galaktose. Durch Enzyme in Monosaccharide spaltbar, durch Bakterien zu Milchsäure vergärbar.

Lignine Füllsubstanzen zwischen Cellulosefasern. Siehe auch Gerüstsubstanzen.

Lipasen Enzym für den Abbau der Fette (Lipide). Sie bauen beim Keimungs- bzw. Mälzungsprozess der Gerste Esterbindungen zwischen dem Glycerin und den Fettsäuren ab, es entstehen Lipide, die aus Mono-, Di- und Triglyceriden bestehen. Beim Maischen spalten die Lipasen die Glyceride in Glycerin und freie Fettsäuren. Ihr Temperaturoptimum liegt bei 35–40 °C und bei 65–70 °C.

Lupulin Siehe Betasäure.

Maischen Das geschrotete Malz wird in Brauwasser erwärmt, um seine wirksamen, schwer löslichen Bestandteile als Extrakt in die Würze zu überführen, damit sich die Stärke mit Hilfe der im Malz vorhandenen Enzyme in verschiedene Zucker umwandeln kann.

Malathion Stark giftiges Insektizid aus der Gruppe der Phosphorsäureester, wird gegen saugende Insekten und Spinnmilben eingesetzt.

Maltase Enzym, das Maltose zu Monosacchariden (Glukose) abbaut.

Maltose (Malzzucker). Aus Glukose aufgebautes Disaccharid. Entsteht beim enzymatischen Stärkeabbau und ist mit Hefe vergärbar (siehe Amylasen). Der beim Maischen u. a. entstehende Malzzucker wird insbesondere durch das Beta-Amylase-Enzym aus der Stärke gewonnen. Er reagiert bei der Hauptgärung sehr schnell mit der Hefe, die ihn in Alkohol und Kohlendioxid umwandelt.

Maltotriose Trisaccharid.

Mehlschrotdifferenz Zeigt bei der chemischen Analyse des Braumalzes u. a. die Enzymkapazität an (Bestimmung nach EBC).

Melibiose Disaccharid. Wird vom Enzym Melibiase, das genetisch bedingt nur in untergärigen, nicht aber in obergärigen Bierhefen vorliegt, weiter in Glukose und Galaktose zerlegt.

Methanol (Methylalkohol CH_3OH). Eine farblose Flüssigkeit mit alkoholischem Geruch. Methanol ist ein starkes Gift; bereits 30–100 ml wirken tödlich.

Methylbromid (CH_3Br, Brommethan). Gasförmiger, farbloser bromierter Kohlenwasserstoff, in hoher Konzentration süßlich riechend. Methylbromid ist hoch giftig, verursacht neurologische Dauerschäden, wirkt mutagen und hat vermutlich Krebs erzeugendes Potenzial. Es wird sowohl als Nematizid als auch als Begasungsmittel gegen Vorratsschädlinge u. a. im Getreide eingesetzt. In der Rückstandshöchstmengenverordnung ist der zulässige Wert für unzersetztes Methylbromid auf 0,1 mg/kg festgesetzt worden. Im ökologischen Landbau ist dieses Begasungsmittel nicht erlaubt.

Methylcellulose Synthetisch aus Cellulose hergestellter Stabilisator, teilweise mit Methylgruppen verestert.

Methylenchlorid Dichlormethan (CH_2Cl_2). Toxisches Lösungsmittel.

Millimol (mmol) Internationale Einheit für die Gesamthärte des Wassers, d.h. der Erdalkaliionen in Millimol je Liter (mmol/l). Diese Einheit ersetzt die Messeinheit Grad deutscher Härte (°dH), hat sich aber noch nicht so recht durchgesetzt. 1°dH entspricht 0,18 mmol/l Erdalkaliionen, 1 mmol/l entspricht 5,6 °dH.

Monosaccharide Einfache, hydrolytisch nicht weiter aufspaltbare Zucker mit fünf bis sieben Kohlenstoffatomen, z. B. Fruktose, Glukose.

Mutterkorn Die häufigste Pilzerkrankung des Roggens, die in feuchten Wachstumsphasen zunehmend auch bei Weizen und Gerste beobachtet wird. Es handelt sich dabei um die Sklerotien (Dauermycel; Mycel=Pilzgeflecht) des Pilzes *Claviceps purpureae Tulasne*. Die Mutterkornalkaloide (Klaviceps-, Ergolinalkaloide) sind bereits in geringsten Mengen hoch giftig. Der Mutterkorngehalt von Getreide darf in der EU 0,059 Prozent nicht übersteigen (EU-Verordnung 2046/84). Durch Selbstherstellung von ungereinigtem Getreide nehmen Mutterkornvergiftungen (Ergotimus), die vor allem im Mittelalter als »Kribbelkrankheit« häufig vorkamen, wieder zu.

Mykotoxine Bereits in geringsten Mengen extrem toxisch wirkende Stoffwechselprodukte von Schimmelpilzen der Gattungen *Aspergillus*, *Penicillium* und *Fusarium*. Eine Schimmelpilzinfektion des Getreides auf dem Feld wird gefördert durch entsprechende Niederschläge zur Zeit der Hochblüte, durch die Vorfrucht (Mais) sowie durch das Unterpflügen von Stroh. Bei unsachgemäßer, zu feuchtwarmer Lagerung oder auf bereits verschimmeltem Getreide können diese Pilze Toxine bilden, die die Keimfähigkeit des Getreides erheblich herabsetzen. Am bekanntesten sind die von den Stämmen des Schimmelpilzes *Aspergillus flavus* gebildeten Aflatoxine. Neben ihrer hohen akuten Toxizität sind sie stark Krebs erregend, führen zu Allergien, chronischen Vergiftungen und können Leber und Nervensystem schädigen. Ochratoxin A (OTA) wird von *Aspergillus ochraceus* gebildet. Dieser Schimmelpilz hat Krebs erregende sowie embryoschädigende Eigenschaften und kann die Bildung einer Fettleber oder Nierenschäden verursachen. OTA ist mitunter besonders in Starkbieren anzutreffen. Patulin wird hauptsächlich von *Penicillium expansum* gebildet und gilt als Zellgift.

Nachguss Siehe Aufgießen.

Natriumalginat Natriumsalz der Alginsäure. Als Schaumverbesserer für deutsches Bier nicht zugelassen.

Natriumhydroxid (NaOH) oder Ätznatron, stark alkalisches Ätzmittel. Die wässrige Lösung heißt Natronlauge und ist außergewöhnlich giftig. Bereits 10 bis 15 ml einer 15-prozentigen Natronlaugelösung können durch Perforationen in Speiseröhre und Magen tödlich wirken. Die Brauereien verwenden zum Teil Natronlauge in einer Konzentration von bis zu 2 Prozent für die Bierflaschenreinigung.

Nematizide Siehe Pestizide.

Nitrate Salze der Salpetersäure (HNO_3) und wesentlicher Bestandteil stickstoffhaltiger (nitrat- und ammoniumnitrathaltiger) Düngemittel. Besonders die Stickstoffüberdüngung landwirtschaftlicher Flächen führt zu hohen Nitratgehalten im Trinkwasser und in manchen Pflanzen. Etwa 70 Prozent der Nitrataufnahme des Menschen stammen aus Gemüse, sieben Prozent aus dem Trinkwasser. Nitrat kann durch Mikroorganismen im menschlichen Körper zum giftigen Nitrit (NO_2^-) umgewandelt werden. Aus Nitrit und biogenen Aminen (Abbauprodukte der Eiweißbausteine, z. B. aus Käse und Milchprodukten) können im menschlichen Körper wiederum Krebs erzeugende Nitrosamine entstehen.

Oligosaccharide Zucker aus mehreren (maximal zwölf) Monosacchariden.

Osmose Diffusion gelöster Stoffe durch eine einseitig durchlässige Scheidewand, die verschiedene Lösungen voneinander trennt. Dem Konzentrationsverhältnis der gelösten Stoffe entsprechend entsteht dabei auf einer Seite ein Überdruck (osmotischer Druck). Bioland-Brauereien setzen z. T. die Umkehrosmose zur Reduzierung von Nitraten im Brauwasser ein.

Oxidationshemmer (Antioxidantien). Natürliche (z. B. Vitamine) oder künstliche organische Verbindungen, die den chemischen Verderb und unerwünschte Oxidationsprozesse für eine gewisse Zeit hemmen oder verhindern. Einige dieser Stoffe können beim Menschen Allergien auslösen.

Ozonoxidation Wasseraufbereitung (Desinfektion) u. a. in der Brauerei mit Ozon (O_3), aus dem gesundheitsgefährdende Spaltprodukte entstehen können.

Pasteurisation Verhütung von Gärungsprozessen und damit Verbesserung der Haltbarkeit von Lebensmitteln durch Erhitzen zwischen 58 und 90 °C zur Hemmung oder Abtötung vegetativer Bakterienformen. Bier wird zur Entkeimung und künstlichen Haltbarkeitsverlängerung häufig auf 60 bis 80 °C erhitzt. Biobrauereien lehnen eine Vollpasteurisation ab, weil sie qualitätsmindernd und geschmacksverarmend auf das Bier wirkt.

Pestizide Oberbegriff für alle zur Abwehr oder Vernichtung von Schadorganismen geeigneten chemisch-synthetischen Stoffe. Hierzu zählen z. B. Akarizide gegen Milben, Fungizide gegen Pilze, Herbizide gegen Unkräuter, Insektizide gegen Insekten, Nematizide gegen Fadenwürmer (Nematoden), Rodentizide gegen Nagetiere, aber auch synthetische Halmverkürzungsmittel und weitere Wuchsstoffe. In den alten Bundesländern werden jährlich etwa 35.000 Tonnen (entspricht ca. 2,4 kg/ha Anbaufläche) dieser Wirkstoffe eingesetzt. Zugelassen sind zur Zeit etwa 180 Wirkstoffe in mehreren hundert Präparaten. Viele Pestizide sind für das Artensterben von Tieren und Pflanzen verantwortlich und gelten auch für den Menschen als hochgradig gefährlich, weil die eingesetzten, hochwirksamen Stoffe nicht zwischen Zielorganismus und Nicht-Zielorganismus unterscheiden. Aus diesem Grund lässt die Trinkwasserverordnung für einen einzelnen Wirkstoff auch nur einen Grenzwert von 0,0001 mg/l zu. Obwohl Pestizide vor ihrer Zulassung in Tierversuchen getestet werden, ist es schwierig, die Langzeitwirkung auch niedriger Dosen vorherzusagen. Dies fällt insbesondere ins Gewicht, weil Pestizide normalerweise als Einzelverbindungen geprüft werden, wohingegen Mensch und Umwelt einer großen Zahl von Schadstoffen gleichzeitig ausgesetzt sind. Deren synergistische Kombinationswirkungen werden nicht berücksichtigt, obwohl sie inzwischen nachweisbar sind. Andere Beobachtungen gehen mittlerweile davon aus, dass bis zu zehn Prozent aller Tumorerkrankungen durch Pestizide ausgelöst werden.

PHB-Ester Para-Hydroxi-Benzoesäure-Ester, synthetisch hergestellt aus Benzoesäure; vorwiegend Pilze und Hefen hemmender Konservierungsstoff, der beim Menschen allergische Reaktionen hervorrufen kann. Nach der Zusatzstoff-Zulassungsverordnung darf PHB-Ester maximal 1,2 g/kg Lebensmittel enthalten sein.

Phosphatasen Enzyme, die im Gerstenkorn während des Keimungs- bzw. Mälzungsprozesses Phosphorsäureester spalten. Beim Maischen sorgen die Phosphatasen für eine pH-Wert-Senkung und bewirken dadurch eine Verstärkung der Pufferung in Maische, Würze und Bier. Ihr Wirkungsoptimum liegt bei 50–53 °C.

Phosphate Salze der Phosphorsäure. Die Phosphordüngung des Bodens findet in der Landwirtschaft meist mit Kaliumphosphat statt. Sie führt zur Überdüngung (Eutrophierung) von Gewässern, an der die Landwirtschaft zu etwa 25 Prozent, die Industrie zu 16 Prozent beteiligt ist. Die Brauereien setzen zum Teil Polyphosphate (Salze bzw. Ester der Polyphosphorsäuren) für die Flaschenreinigung ein.

Phosphorsäureester Organische Phosphorverbindungen, die meist als Insektizide und Akarizide eingesetzt werden. Sie können beim Menschen zu Vergiftungen und Schäden des zentralen Nervensystems führen.

pH-Wert (pondus Hydrogenii). Bezeichnung für den negativen dekadischen Logarithmus der Wasserstoffionenkonzentration. Begriff zur Kennzeichnung des Säure- oder Alkalitätsgrades einer Lösung. Ein pH-Wert unter sieben ist sauer, ein pH-Wert über sieben ist alkalisch.

Polyenglykolalginat (Propylenglykolalginat). Derivat der Alginsäure. Als Schaumverbesserer bei uns nicht erlaubt.

Polyphenole Verschiedene Gerbstoffe des Gerstenkorns und des Hopfens (Anthocyanidine, Katechine, Flavone, Tannoide), Phenolsäure (Glykoside) und Gerbsäure (Tannin), die Farbe und Geschmack der Biere beeinflussen und durch ihre gerbende, eiweißfällende Wirkung auch dessen Haltbarkeit verbessern.

Polysaccharide Kettenförmige Makromoleküle (Vielfachzucker) aus vielen verknüpften Monosacchariden, z. B. Stärke oder Zellulose. Diese Kohlenhydrate entstehen durch Zusammenlagerung einer großen, wechselnden Zahl von Monosacchariden und dienen in den Pflanzen als Gerüstsubstanzen und Reservestoffe.

Polyvinylpolypyrrolidon (PVPP). Hochpolymeres, synthetisches Produkt, das durch Kondensation bzw. Polymerisation aus geeigneten Verbindungen hergestellt wird. Dieser Trägerstoff wird u. a. eingesetzt, um Lebensmittelzusatzstoffe zu lösen, zu verdünnen oder fein zu verteilen. In der Brauerei wird dieser Stoff als chemisch-physikalisches Bierstabilisierungsmittel eingesetzt. Die PVPP-Harze dienen dazu, die polyphenolischen Trübstoffsubstanzen des Biers zu absorbieren.

Proteinasen Eiweißspaltende (proteolytische) Enzyme. Siehe Enzyme.

Proteine (Eiweiße). Hochmolekulare Nährstoffe, deren Moleküle einige Hundert bis Zehntausend Aminosäuren enthalten.

Proteolytische Enzyme Enzyme, die den Eiweißabbau steuern. Sie werden grob eingeteilt in Endo-Peptidasen (Proteinasen) und Exo-Peptidasen. Schematisch gesehen verläuft der Eiweißabbau folgendermaßen: Proteine, Makropeptide, Polypeptide, Oligopeptide, Dipeptide, Aminosäuren. Bei der Keimung darf dieser Eiweißabbau weder zu gering noch zu weitgehend sein (der Eiweißlösungsgrad liegt bei 40–43 Prozent), weil z. B. höher molekulare Polypeptide für die Schaumstabilität und Vollmundigkeit der Biere, Aminosäuren für die Ernährung der Hefe notwendig sind. Proteolytische Enzyme wie Papain, Bromelin, Ficin oder Pepsin werden von ausländischen Brauereien gelegentlich dem Bier als Stabilisierungsmittel zugegeben, um Biertrübungen zu verhindern. Diese Enzyme bauen die komplexen Eiweißstoffe zu nieder molekularen, nicht mehr zu Trübungen neigenden Produkten ab. Ihre Verwendung ist für deutsche Biere verboten.

Pyrethroide Insektizide wurden ursprünglich aus natürlichen Chrysanthemenarten *(Chrysanthemum cineraiaefolium)* als natürliches Pyrethrum isoliert und werden heute überwiegend synthetisch hergestellt. Im Gegensatz zum natürlichen Vorbild, dem sie chemisch nicht gleichen, sind sie länger haltbar und weitaus wirksamer. Sie wirken auf das zentrale Nervensystem, das Rückenmark und das Gehirn, schwächen das Immunsystem und verringern die Anzahl der roten Blutkörperchen bei Tieren. Sie wirken auch gegen Nützlinge, sind hoch giftig für Fische, gelten als starkes Nervengift für den Menschen und haben eine starke allergene Wirkung.

Pyridin (C_5H_5N). Anwendung u. a. als Sprühinsektizid und als Kontaktherbizid Dimethylbipyridyliumchlorid (Paraquat). Vergiftungen führen zu schweren Schädigungen, meist tödliche Intoxikation.

Raffinose Ein Trisaccharid.

Saccharide Zuckerarten.
Saccharose (Rübenzucker, Rohrzucker). Ein Disaccharid aus je einem Molekül Glucose und Fructose. Grob (Kandiszucker) bis feinkristallin (Haushaltszucker, Transportzucker). Durch saure oder enzymatische Hydrolyse (Invertase, Saccharose) in Glukose und Fruktose (Invertzucker) abbaubar.
Saccharum Zucker.
Schüttung Die zum Maischen benötigte Malzschrotmenge.

Schwefeldioxid (SO_2). Anhydrid der schwefligen Säure. Das gasförmige SO_2 wird u. a. als Konservierungsmittel genutzt, d. h. zum Schutz gegen den Befall durch Mikroorganismen und Fraßschädlinge. Sulfite werden ebenfalls als Konservierungsmittel eingesetzt (siehe Sulfit). Schwefeldioxid und Sulfite gelten als gesundheitlich bedenkliche Stoffe, weil von ihnen ein starkes allergisches Potenzial ausgeht, das lebensnotwendige Vitamin B_1 (Thiamin) zerstört und Vitamin B_8 (Folsäure) inaktiviert wird. Aufgrund der Bildung von schwefeliger Säure bewirkt SO_2 bei Mensch und Tier durch Reizung und Schädigung der Schleimhäute Bronchiospasmen und Reizhusten.

Sediment Ablagerung nicht löslicher Feststoffe (Hefe, Eiweiß, Hopfenharze) auf dem Boden des für Nachgärung und Klärung gelagerten Bierbehälters.

Spundung Ein in der Brauerei angewendetes Verfahren, bei dem das Bier während der Nachgärung unter einem exakt eingestellten Druck gehalten wird, um die erwünschte Lösung der Kohlensäure zu erreichen.

Stabilisatoren Sammelbezeichnung für Emulgatoren, Dickungs- und Geliermittel. Sie werden eingesetzt, um die Struktur von Lebensmitteln zu erhalten oder zu verbessern.

Stärke Alle Getreidesorten enthalten Stärke, die unter bestimmten Bedingungen und unter Mitwirkung von Enzymen zu vergärbarem Zucker abgebaut wird (siehe Kohlenhydrate).

Stammwürzegehalt Der Extraktgehalt bzw. der Gehalt an löslichen Stoffen der unvergorenen Anstellwürze in Gewichtsprozenten, aus der sich durch die Gärung zu etwa je einem Drittel Alkohol, Kohlensäure und unvergorener Restextrakt bildet. Gemessen wird der Extraktgehalt mit der Bierwürzespindel.

Sudhaus Das Zentrum der Brauerei mit dem Maischbottich, dem Läuterbottich und der Würzpfanne.

Sulfit Salz der schwefligen Säure (H_2SO_3; siehe auch Schwefeldioxid). Wird vor allem in Form von Natrium-, Kalium- und Kalziumsalzen (Sulfite) in vielfältiger Weise als Konservierungsstoff eingesetzt, aber auch als Desinfektionsmittel bei der Flaschenreinigung in der Brauerei, zur

Unterdrückung des Wachstums von Wildhefen sowie für die geschmackliche Neutralisation von Stoffen, die bei der Gärung entstehen. Ausländische Brauereien setzen Sulfite (Bisulfite, Hydrogensulfite) gelegentlich als Oxidationshemmer ein, da sie durch ihre reduzierende Wirkung den schädlichen Einfluss des Sauerstoffs im fertigen Bier verringern. Für deutsche Biere nicht gestattet.

Tannin Gerbsäure. Ein aus Galläpfeln gewonnenes Gallussäuregemisch. Tanninpräparate gehören zur Gruppe der hydrolysierbaren Polyphenole und bestehen aus Glukose, deren Hydroxylgruppen mit Gallus- und Polygallussäuren verknüpft sind. Sie werden von ausländischen Brauereien zur besseren Eiweißkoagulation beim Würzekochen sowie als Eiweißstabilisierungsmittel während der Lagerung dem Bier zugegeben. Für deutsche Biere ist der Einsatz von Tannin nicht erlaubt.

Treber Die unlöslichen Rückstände des Malzes nach dem Maischen. Wird als Viehfutter eingesetzt.

Trisaccharid Oligosaccharid aus drei Monosacchariden, z. B. Raffinose (Fruktose + Glukose + Galaktose).

Tritikcale Getreideart; Kreuzung aus Weizen und Roggen.

Vergärungsgrad Das Ausmaß, in welchem die gärfähigen Zucker von der Hefe in Alkohol und Kohlensäure umgesetzt werden. Der Vergärungsgrad gibt die Menge des vergorenen Extrakts in Prozenten des Extraktgehalts der Anstellwürze an. Der Vergärungsgrad errechnet sich aus der Formel:

$$\text{Vergärungsgrad \%} = \frac{(\text{Extrakt der Anstellwürze} - \text{Extrakt des vergorenen Biers}) \times 100}{\text{Extrakt der Anstellwürze}}$$

Verzuckerung Abbau der Stärke im Malz zu Zucker durch Erhitzen und Einwirkung amylolytischer Enzyme. Findet während des Maischens bei 62–72 °C statt.

Viskosität Zähigkeit. Fließeigenschaft gasförmiger und flüssiger Stoffe.

Vorderwürze Die beim Abläutern und Aufgießen entstandene klare, verdünnte Bierwürze.

Wachstumsregulatoren Synthetisch hergestellte Verbindungen (sie gehören zu den Herbiziden), die auf Wachstum und Entwicklung der Pflanze einwirken. Die Giberellinsäure (Chlorcholinchlorid, siehe Giberellerie) beeinflusst z. B. das Längenwachstum von Pflanzen (Halmverkürzung im Getreidebau). Die bei Wuchsstoffen eingesetzten Verbindungen sind substituierte Phenoxyfettsäuren, die wegen ihrer hohen Toxizität und der produktionsbedingten Verunreinigung durch hoch giftige Dioxine als sehr bedenklich auch für den Menschen gelten.

Wasseraufbereitung Für das Bier ist die Qualität des Brauwassers von großer Bedeutung. Darum werden in der Brauerei unerwünschte Bestandteile, wie beispielsweise die für die Karbonathärte verantwortlichen Salze, durch die Wasseraufbereitung entfernt. Zum Teil handelt es sich um Wasseraufbereitungsverfahren, die umstritten sind und deshalb von den Bio-Brauereien abgelehnt werden.

Wasserglas Natriumsilikat, wird hergestellt durch Zusammenschmelzen von Kieselsäure und Natriumkarbonat.

Wasserhärte Die Gesamthärte eines Wassers ist der zahlenmäßige Ausdruck seiner chemisch wirksamen Salze; sie umfasst alle Kalzium- und Magnesiumsalze.

Weichen Der Braugerste wird zu Beginn des Mälzens Wasser zugeführt, um durch Quellung der Körner die Keimung einzuleiten.

Würze Ein Produkt des Maischens; sie wird durch Erhitzen der in Lösung gegangenen Bestandteile des Malzes hergestellt. Der Würzgehalt ist ein Maßstab für die Menge des verarbeiteten Malzes.

Zellulose Pflanzliches Polysaccharid.

Zuckerreduktone Sauerstoffreduzierender Zusatzstoff (Oxidationshemmer) in einigen ausländischen Bieren. Seine Herstellung erfolgt durch die Behandlung von Zucker in alkalischer Lösung, die dabei entstehenden Farbstoffe gelangen durch Kalk zur Ausfällung. Für deutsche Biere sind Zuckerreduktone nicht zugelassen.

Zymase Ein für die Einleitung der Gärung verantwortliches Hefeenzym.

Literaturhinweise

Wenn Sie bei der Beschaffung von weiterführender Literatur Probleme haben, können Sie sich wegen weiterer Informationen wenden an:

Fachbuchhandlung und Getränkefachverlag Hans Carl
Andernacher Str. 33 a
90411 Nürnberg
Tel. (09 11) 9 52 85-29/42
Fax (09 11) 9 52 85-48.

Der Verlag hält außerdem eine Broschüre über »Fachliteratur für Brauerei, Mälzerei und Getränkewirtschaft« bereit.

- *H. J. Barth, C. Klinke, C. Schmidt.* Der große Hopfenatlas. 1994.
- Der vollkommene Bierbrauer oder kurzer Unterricht alle Sorten Bier zu brauen. Frankfurt/M. 1784. Reprint-Verlag Leipzig 1990.
- Bioland Verband für organisch-biologischen Landbau e. V. Bioland-Braurichtlinien von 1996.
- Bioland-Richtlinien für Pflanzenbau, Tierhaltung und Verarbeitung. Fassung vom 2./3. Mai 1994.
- Neue Chemie in Lebensmitteln. Hrsg. Katalyse Institut für angewandte Umweltforschung Köln e. V., Zweitausendeins-Verlag, Frankfurt/M. 1995.
- *Jean de Clerck.* Lehrbuch der Brauerei. VLB Berlin 1965 (zwei Bände).
- Deutsche Bierspezialitäten. Der große DLG-Bierführer. DLG-Verlag, Frankfurt/M. 1993.
- Deutschland, deine Biere. Das Buch zur Fernsehserie. 1993.
- *Kurt Gayer.* Das Deutsche Bierlexikon. Moderne Verlags-GmbH, Landsberg/Lech 1984.
- *Arne Grunau, Thomas Klawunn.* Bier selbst gebraut, eine praxisorientierte Anleitung für den Hausgebrauch. K. Schulz Verlag, Göttingen 1997.
- Handbuch der Brauerei-Praxis. Hrsg. Dr.-Ing. K. U. Heyse. Verlag Hans Carl, Nürnberg 1994.

- *Michael Hlatky, Franz Reil.* Bierbrauen für jedermann. Stocker-Verlag, Graz 1996.
- *Dieter Höllhuber, Wolfgang Kaul.* Die Biere Deutschlands. Verlag Hans Carl, Nürnberg 1993.
- *Michael Jackson.* Bier International. Hallwag, Bern und Stuttgart 1994.
- *H. Kohlmann, A. Kastner.* Der Hopfen. Hopfen Verlag, Wolnzach 1975.
- *Michael Krieger.* Richtlinien des Riedenburger Brauhauses für die Herstellung der Riedenburger Weiße. Riedenburg 1993.
- Kronenbrauerei Rudolf Wahl. Grundsätze für die Herstellung unserer Ökokrone. Gundelfingen o. J.
- *Dave Laing, John Hendra.* Bier brauen. Otto Maier Verlag, Ravensburg 1987.
- *Rolf Lohberg.* Das große Lexikon vom Bier. Scripta Verlags-Gesellschaft mbH, Ostfildern o. J. (Sonderausgabe mit Genehmigung des Original-Verlages, VMA-Verlag Wiesbaden)
- *N. Messing.* Heilen mit Bierhefe. Die Wiederentdeckung einer alten Volksarznei.'1992.
- *Ludwig Narziß.* Abriß der Bierbrauerei. F. Enke Verlag, Stuttgart 1995.
- Naturland-Verband für naturgemäßen Landbau e. V. Verarbeitungsrichtlinien für Brauereien. Gräfelfing 1995.
- *Clive La Pensée.* Hausbrauen heute. Montag Publications, Beverly (England) 1993.
- Pestizide in Hopfen und Bier. Kleine Anfrage der Fraktion Bündnis 90/die Grünen (Bundertagdrucksache 13/84 29, 1997 und Antwort der Bundesregierung vom 30. 10. 1997).
- *Anton Pienl, Wolfgang A. Mayer.* Brauereimuseeum in Deutschland, Österreich und der Schweiz. Verlag Hans Carl, Nürnberg 1996.
- *Jean Pütz,* Bier selbstgebraut. In: Das Hobbythek-Buch 7. Verlagsgesellschaft Schulfernsehen vgs, Köln 1982, S. 11-40.
- *L. Reiner.* Sommergerste aktuell. 1985.
- Richtlinien für die Herstellung von Öko-Bieren. Hrsg. Neumarkter Lammsbräu. Neumarkt/Opf. 1993.

- *Wilfried Rinke*. Das Bier. Paul Parey Verlag, Berlin 1967.
- *Paul Rothenhäusler*. Das kleine Buch vom Bier. Sanssouci 1966.
- *H. Schlosser*. Braurechte, Brauer und Braustätten in München. Zur Rechts- und Sozialgeschichte des spätmittelalterlichen Brauwesens. 1981.
- *John Seymour*. Das große Buch vom Leben auf dem Lande. Ein praktisches Handbuch für Realisten und Träumer. Otto Maier Verlag, Ravensburg 1976.
- *Wolf-Jürgen Uhlmann*. Bier und Gesundheit. Haugh-Verlag, Heidelberg 1970.
- *Wolfgang Vogel*. Bier aus eigenem Keller. Eugen Ulmer Verlag, Stuttgart 1993.

Wasser für Brauereien, Hrsg. Peter Dilly. 1989.

Gesetzliche Verordnungen

Gesetz zur Anpassung von Verbrauchssteuer- und anderen Gesetzen an das Gemeinschaftsrecht sowie zur Änderung anderer Gesetze (Verbrauchssteuer-Binnenmarktgesetz) vom 21.12.1992. Artikel 2 dieses Gesetzes: Biersteuergesetz 1993 (BGBl. I, 1993, S. 2150).

Verordnung zur Durchführung des Biersteuergesetzes (Biersteuer-Durchführungsverordnung) vom 24.8.1994 (BGBl. I, 1994, S. 2191).

Bekanntmachung der Neufassung des Vorläufigen Biergesetzes vom 29.7.1993 (BGBl. I, 1993, S. 1399).

Bekanntmachung der Neufassung der Verordnung zur Durchführung des Vorläufigen Biergesetzes vom 29.7.1993 (BGBl. I, 1993, S. 1422).

Bierverordnung vom 2.7.1990 (BGBl. I, 1990, S. 1322), zuletzt geändert durch Erste Verordnung zur Änderung der Bierverordnung vom 23.11.1993 (BGBl. I, 1993, S. 1912).

Über den Autor

Udo Krause zog es vor zehn Jahren von der Großstadt aufs Land. Seit einiger Zeit versorgt er sich und seine Familie überwiegend mit selbst angebauten oder hergestellten Produkten. Auch das selbst gebraute Bier dufte dabei natürlich nicht fehlen, und inzwischen betreibt er heute eine richtige »Hausbrauerei«.

Anmerkung der Redaktion

Diesem Buch liegt die im Juli 1996 in Wien beschlossene und ab 1.8.1998 verbindliche Neuregelung der deutschen Rechtschreibung zu Grunde.

Hinweis

Das vorliegende Buch ist sorgfältig erarbeitet worden. Dennoch erfolgen alle Angaben ohne Gewähr. Weder Autoren noch Verlag können für eventuelle Nachteile oder Schäden, die aus den im Buch gemachten Hinweisen resultieren, eine Haftung übernehmen.

Bildnachweis

AKG, Berlin: 10, 22 (Erich Lessing), 12, 15, 17, 125; Bilderberg, Hamburg: 40 (Andrej Reiser), 48 (Aurora); Das Fotoarchiv, Essen: 9 (Michael Schwerberger), 105 (Thomas Mayer); Rees Peter, Köln: U1 (Fond u. Einkl.), 30, 38, 56, 61 (4), 63, 65, 66, 74, 82 (4), 89, 95 (4), 97, 101 (4), 116, 126, 132, 136, 139, 144, 147; Südwest Verlag, München: 137, 140, 143 (Digital), 147 (Karl Newedel); Transglobe, Hamburg: 29 (K. Reinhard), 42 (Wolfgang Willner); VHD, Hamburg: 27

Impressum

© 1998
W. Ludwig Buchverlag GmbH in der Verlagshaus Goethestaße GmbH & Co. KG, München

Alle Rechte vorbehalten. Nachdruck – auch auszugsweise – nur mit Genehmigung des Verlags.

Redaktion:
Christine Pfützner
Julei M. Habisreutinger
Projektleitung:
Berit Hoffmann
Redaktionsleitung:
Dr. Reinhard Pietsch
Bildredaktion:
Sabine Kestler
Umschlag:
Hempel/Langkau, München
Plakat:
Bettina Kammerer, München
DTP/Satz:
Maren Scherer
Produktion:
Manfred Metzger
Druck:
Weber-Offest, München
Einband:
R. Oldenbourg, München

Printed in Germany
Gedruckt auf chlor- und säurearmem Papier

ISBN 3-7787-3640-X

Sachregister

Rezepteregister

BIER B

Die Schritt-für-Sc

VORBERE

1. Eventuell 1-2 Tage vor Braubeginn mindestens 20 Lite
2. Braumalz in einer Schrotmühle gleichmäßig grob sch
3. Alle Geräte reinigen.
4. Trocken- bzw. Flüssighefe ansetzen.

1.

MAIS

1. Zum Einmaischen je nach Rezept 7-10 Liter Brauwass
   (Richtmenge der Schüttung je nach Rezept 2-3 Kilogr
2. Für die Eiweißrast die Temperatur unter häufigem Rüh
   und 10-30 Minuten lang konstant halten, dabei geleg
3. Für die Maltoserast die Temperatur unter ständigem F
   erhitzen und 30-60 Minuten konstant halten, dabei g
4. Für die Verzuckerungsrast die Temperatur unter Rühre
   und 30-60 Minuten konstant halten, dabei gelegentli
5. Die Jodprobe durchführen und nach Rezept die Maisc
   und die Temperatur unter Rühren 10-30 Minuten kon

2.

ABLÄ

1. 10 Liter Brauwasser für den Nachguss auf 80°C erhitz
2. Die Würze oder wahlweise zuerst die Maische in den
3. Die abgeläuterte, klare Würze in den ausgespülten Bra
4. Je nach Rezept 6-10 Liter Brauwasser (78°C) als Nachg
   oder Filter gießen.
5. Die gewonnene Würze ebenfalls in den Brautopf

3.

6. Mit der Bierspindel den Würzgehalt prüfen und ggf. E
Würzgehalt den im Rezept angegebenen Extraktgeha

WÜRZE KOCHEN

4.

1. Die Würze auf großer Flamme erhitzen und 60-100 M
Kurz vor Ende der Kochzeit ggf. die Zuckercouleur zu

2. Würzmenge abmessen (Markierung am Braulöffel).

3. 10 Minuten nach Kochbeginn den Hopfen zugeben.

4. Würzmenge erneut abmessen und den verdampften \

5. Mit der Bierspindel den Stammwürzegehalt messen (j

AUSSC

5.

1. Von nun an steril arbeiten!

2. Den Brautopf vom Herd nehmen und die Würze einig

3. Die Würze durch den Würzesiebbeutel mit Trichter od

ABKÜ

6.

1. Den Gärbehälter abdecken und in ein kaltes Wasserba
erneuern und ggf. Eiswürfel zugeben.

2. Zur Belüftung die Würze während der Kühlung öfter u

HAUPTC

7.

1. Nach Erreichen der Gärtemperatur die vorbereitete He
(belüften).

2. Den Gärbehälter mit dem Deckel und einer passenden

3. Für die Hauptgärung den Gärbehälter an einen Platz r

4. Die braunen Hefeflecken auf dem Gärschaum täglich

5. Sobald die Gärung angekommen ist (Schaumbildung)
Abfüllzeitpunkts durchführen.

6. Mit der Bierspindel den Extraktgehalt prüfen; sobald e
Hauptgärung abgeschlossen.

7. Den Gärschaum mit der Schaumkelle entfernen.

NACHGÄRUNC

8.

1. Das Bier aus dem Gärbehälter mittels eines Schlauche
3-5 Tage abgedunkelt stehen lassen (Temperatur ents

2. Das Bier zur Nachgärung dunkel und an einem ruhige
(obergäriges Bier bei 10-12°C, untergäriges Bier bei 0-

rauwasser zum Verdünnen nachgießen, sofern der
t übersteigt.

HOPFENZUGABE

inuten (max. 2 Stunden) sprudelnd kochen.
ügen.

(1-1,5 Stunden)

Vasseranteil ersetzen.
e nach Rezept 11-17% Extraktgehalt).

HLAGEN

e Minuten im kalten Wasserbad ruhen lassen.
er Sieb in den Gärbehälter filtern.

(0,5 Stunden)

HLEN

d zum Kühlen stellen; das Wasser hin und wieder

mrühren.

(0,5-2 Stunden)

GÄRUNG

felösung zugeben und die Würze gut umrühren

n Gärglocke bzw. einem Gärröhrchen verschließen.
nit konstanter Temperatur stellen.
nit einem Löffel abnehmen.
, eine Schnellvergärungsprobe zur Bestimmung des

r 0,3% über der Schnellvergärungsprobe liegt, ist die

(3-10 Tage)

& KÜHLUNG

in sterilisierte Bierflaschen umfüllen und diese
rechend der Hauptgärung).
n Platz bei konstanter Temperatur
2°C) 3-12 Wochen lagern.

(3-12 Wochen)

& Co.KG, München – dem Buch „Bier brauen – Das Praxisbuch" entnommen.

schmeckt besser

RAUEN

ritt-Brauanleitung

ITUNGEN

r Wasser enthärten.

oten.

(0,5-2 Stunden)

CHEN

r als Hauptguss auf 35-50°C erhitzen und das Malzschrot
amm) ca. 20 Minuten einrühren.

ren schrittweise um 1°C je Minute auf 47-55°C erhöhen
entlich umrühren.

ühren schrittweise um 1°C je Minute auf 64-65°C
elegentlich umrühren.

n schrittweise um 1°C je Minute auf 71-75°C erhöhen
h umrühren.

he noch einmal auf 75-78°C erhitzen
stant halten.

(2-3 Stunden)

JTERN

en.

äuterbottich oder Filter geben.

utopf zurückgeben und auf Kochtemperatur erhitzen.

juss nach und nach über die Maische im Läuterbottich